新闻的骚动

The News: A User's Manual

丁维 译

上海译文出版社

我们的失败与伟大

——为阿兰·德波顿新书《新闻的骚动》而写

文/邱兵

1989 年春节后，我开始在《中国青年报》实习。大学三年级的实习，差不多应该视作每一个新闻系学生职业生涯的开端。

那个时候，北京的街道还没有那么多的人和车，没有鸟巢、水立方和华尔道夫酒店，但是因为干冷的天气和玻璃瓶的酸奶，这里的冬天比上海更让我们喜欢。

当然我并没有钱住旅馆和招待所，我住在北京大学我老乡的宿舍里，哪一个床空我就睡哪一个床，那个冬天我闻到过来自陕西、河北、广东、四川、云南的各种味道，偶尔我需要将两根醒宝香烟插在鼻孔里用嘴呼吸才能入睡。

每一天去单位上班的路程都是非常漫长的。我需要从中关村坐 332 路公交车去白石桥，然后坐地铁到东直门，出来后换 107 路坐到海运仓胡同。

一个多小时的路程中我永远哼着同样的一首歌，那是台湾的民谣歌手马兆骏唱的歌，叫《我要的不多》，它翻来覆去就唱，你一定要告诉我，这个世界孤单的，不只我一个。

另一个孤单的身影每天也从北大出来坐 332 路公交车。

他叫老肖，和我一样 21 岁，但是长着 41 岁的脸，宜昌人，他学的是经济，在一家中央大报实习。我们每天早晨一起在校门口买酸奶，在白石桥车站分手。

他第一次和我讲话是在公交车上，这家伙像地下党一样凑过来说："海子死了你知道吗？"我那时不知道海子是谁，没敢接茬。这家伙继续神秘地说："从山海关到龙家营的铁轨上，啪，一分为二。"

老肖说："得空我得去一趟山海关，我要搞清楚海子看到些什么、想些什么。我素材收集了不少，不出五年，中国第一思想记者就姓肖了。"

再大的牛皮也掩盖不了思想记者老肖比我更没钱。我有时会买两个肉包子吃，但他从来不买，说早晨吃不下，但是有一天我请他吃了一个，我觉得他只花了一点五秒就吃完了。

3 月底的时候，发生了一件事，这件事成为新闻人老肖的终结。

那个周末老肖来宿舍找我，问我可不可以第二天陪他去一趟延庆县。

老肖的父亲患了重病，过来北京求医，结果几家医院都不收，理由是治无可治。20 多年后回想起来，大概是肠癌转移到了肝部。束手无策的老肖从他老乡那里拿到了一个神医的地址，说神医救过不少无药可救的人。

地址就在延庆县。

第二天天还未亮，我们俩架着行动困难的肖老伯上了往延庆县的长途车。肖老伯其实只有 50 出头，早年丧妻，一个人拉扯老肖和一个还在上初中的妹妹。疾病让他的身体只剩下 70 多斤。

神医在一个民宅里坐堂。我们刚刚坐定，一个助理模样的人朝我们伸出一只张开五指的手，老肖傻乎乎地也伸出一只手准备击掌。那人面无表情地说："50 块。"

老肖有 20 多块，我有 30 多块。凑完钱，神医背对着我们在纸上写了什么，然后折好交给我们说："去吧。"

我们走到光天化日下打开那张纸，竟然只有两个字：地瓜。

那天已经很晚了，我们在延庆县找了一个农民的房子住下来，一块钱一晚，有热炕。

肖老伯睡下后，我们俩走到屋外来说话。3 月底的塞外还很冷，白杨树在黑暗中像巨人俯视着我们。

老肖哆嗦着说：“我早就知道地瓜是好东西，吃了就放屁，通肠胃，防癌。”

我说：“要我说这神医就是个锤子，地瓜要能救命，卫生部长好去吃屎了。”

老肖说：“你咋就不能把人往好里想呢?”

回到屋里时，肖老伯没有睡，他坐在炕上看着我们说：“不要再吵了。我要走了。地瓜是你妈妈小时候的名字，又矮又胖，她在喊我去陪她了。我没有什么要求，让我死在湖北老家的床上。”

肖老伯父子回家的盘缠是我们几个哥们一起凑的。在火车站的时候，老头突然跪在地上说：“下辈子我报答你们。”

之后的日子，我又回到了 332—地铁—107 的轨迹。报社的食堂里，每天就两个菜，一荤一素，还有就是白馒头和大锅汤。我这个重庆崽儿经常会想起麻辣火锅和爆炒腰花。但是这里有很多我崇拜的新闻人：张建伟、麦天枢、卢跃刚……我每天坐在食堂的角落里，听他们咬着馒头说那些我似懂非懂的宏大叙事，日复一日，痴迷其中。

偶尔忍不住感叹，新闻是多么神奇的职业，那么远的热情，让我淡忘了那么近的忧伤。

一个多月以后，我收到一张50元的汇款单和一封寄自湖北的信件。

信中说："父亲是在床上过世的，很安详。我承包了长江边的鱼塘，能挣一点钱。我要挣钱照顾妹妹，不能再读书了。当然，也做不成新闻人了。羡慕你，可以面对那么大的世界。老邱，不管你拥有多么大的世界，当个正派人。"

26年后的3月底，出版社让我为阿兰·德波顿的新书《新闻的骚动》写序。诚惶诚恐中，读到书中的一段文字。他说，查阅新闻就像把一枚海贝贴在耳边，任由全人类的咆哮将自己淹没。借由那些更为沉重和骇人的事件，我们得以将自己从琐事中抽离，让更大的命题盖过我们只是聚焦于自身的忧虑和疑惑。

26年里，很多次从长江尾的上海飞往长江头的重庆，忍不住透过飞机舷窗寻找那片长江边的鱼塘，还有那个在塞北和我争吵的身影，还有他的思想记者的梦。每一个清晨，那个人会不会把海贝贴在他的耳边，倾听这个星球和这个国家惊心动魄的声音，让他忘记延庆县绵延的山路，和我们曾经无望的忧伤。

但是极目之中，只有那条悠远的河流，仿佛是岁月的眼泪汇成，清澈着、混沌着、奔腾着、遗忘着、燃烧着、毁灭着，长流不息。

2015 年 4 月

于上海

目 录

I.

前　言

1.

这一切仿佛无师自通，就像呼吸或眨眼，本就是世上最简单普通、平淡无奇、不足挂齿的活动。

只消隔上一会儿——通常不超过一晚（并且往往要短得多，要是觉得特别焦躁，可能都憋不过十到十五分钟），我们就会中断手头的各种事务，开始**查阅新闻**。我们暂停自己的人生，以期再接收一剂关键资讯，看看自从上次查看之后，这世上又发生了哪些最重大的成就、灾难和罪行，或者是流行疫病和感情纠纷。

在下文中，本人试图将这个无处不在，且众所周知的习惯予以放大，使之较目前看来更为古怪、更具危害。

2.

新闻致力于向我们呈现所有被认为最罕见和最重要的世事，比如热带降雪、总统私生子，或是连体婴。然而，尽管以追求反常为己任，新闻却巧妙地避免让自身成为众矢之的，也不愿意就其在日常生活中获得的支配地位引来关注。新闻机构竭尽全力报道着各种或卓越非凡，或夺人眼球，或贪污腐化，或耸人听闻的故事，但是，“半数人每天都为新闻走火入魔”这样的标题，却永远不会出现在我们的视线里。

哲学家黑格尔认为，当新闻取代宗教、成为我们的核心指导来源和权威检验标准时，社会就进入了现代化阶段。在发达经济体中，新闻如今占据的权力地位，至少等同于信仰曾经享有的位置。新闻播报以不可思议的精准度紧跟祈祷时间：晨祷变成了早间新闻，晚祷化为了晚间报道。不过，新闻追求的可不只是这份准宗教的时刻表，还要求我们在贴近它时，心怀某种曾经奉献给信仰的恭顺态度。面对新闻，我们也期盼获得启示，希望能借此分辨善恶、参透苦难、了解人生在世的种种道理。同样，如果我们拒绝参与这项仪式，便也有可能被归入异类。

对于藏匿运作机制这种套路，新闻深谙其道，因而很难遭到质疑。新闻只管用自然平淡的语调向我们发声，对观点中充斥的假定却避而不谈。事实上，新闻并非只在单纯地报道全球事件，而是根据自己内定的轻重缓急，不断在我们的脑海里刻画全新的世界——这一点，新闻当然按下不表。

3.

从早年开始，我们接受的教育就强调图像和文字的力量。我们被带去博物馆，在严肃的气氛中得知：某些艺术家虽早已作古，其画作却能改变我们的观念。那些为人称颂的诗歌和故事也有可能改变我们的生活。

奇怪的是，尽管新闻每时每刻都在涌现，其中的图文却很少成为教育传达的内容。世人认为，弄明白《奥赛罗》的阴谋，比破解《纽约时报》的头版更加重要。领会马蒂斯对色彩的运用，比梳理《每日邮报》中的名人相片栏更容易成为话题。在经过《图片报》或《OK!》杂志、《法兰克福汇报》或《北海道新闻》、《德黑兰时报》或《太阳报》的洗礼之后，没人鼓励我们去思考：自身的观点是否受到了影响？而事实上，新闻不但在影响我们对现实的感受，也在雕刻我们灵魂的状态（此处的灵魂与超自然无关），然而却从来没有人循循善诱地引导我们去思考这种非凡能力。

现代社会虽然言必称教育，却都忽略了对现代人群最具影响力的教育工具。无论课堂教育水平多高，最强大和持久的教育形式还是非电视电脑莫属。封闭在课堂内的时间毕竟只占我们人生最初的十八年左右，此后的生涯都交给了新闻媒体，而后者对我们的影响超过了任何学术机构，正式教育一结束，新闻就成为我们的老师。这是奠定公共生活基调、塑造我们对于外部群体印象的最强力量，同时，新闻也是政治现实和社会现实的主创力量。正如革命分子所熟知的，要想改变一个国家的理念，不能奔着美术馆、教育部或者著名小说家的寓所去，而是必须开着坦克直捣国家的神经中枢——新闻总部。

4.

我等受众，不停检索新闻又是缘何考虑？其实，最大原因乃是惧怕心理。只要和新闻绝缘一会儿，心里的牵挂就在习惯性地累积。我们知道世事难料，变数时时都在发生。某架空客 A380 的燃料管线可能会破裂，继而燃着浓烟侧翻坠入海湾；某种来自非洲蝙蝠的病毒可能跨越物种壁垒，渗入某趟满员的日本通勤列车的通风道；投资家可能正在酝酿一场货币挤兑；某个外表正常的父亲可能刚刚残杀了一双可爱的亲生儿女。

但在我们周遭，可能正值岁月静好。花园里，微风也许正吹过李树的枝条；客厅的书架上，灰尘在静静地飘落。然而，我们知道这种安稳不能反映生存之混乱和暴烈的基本面，因此不及片刻，忧患总会按自己的方式生成。由于我们隐隐地感知到灾难的可能性，当拿出手机朝向信号源，等待头条新闻跳出屏幕时，内心会感到一丝跳动的恐惧。那感觉就像身处黎明前的料峭，不知太阳是否还会从苍穹升起，想必我们的古老祖先也一定熟悉类似的忧虑。

然而，此间也自有不可言说的乐趣。我们的生命承载着种种幽闭负担，比如与自我共处，比如不断向世界证明自己的潜力，比如费力地说服身边寥寥数人倾听我们的想法和需求。而新闻尽管多有负面，却恰能帮助我们解脱上述负担，可能越是惨烈效果越好。查阅新闻就像把一枚海贝贴在耳边，任由全人类的咆哮将自己淹没。借由那些更为沉重和骇人的事件，我们得以将自己从琐事中抽离，让更大的命题盖过我们方寸前的忧虑和疑惑。一场饥荒，一座洪水淹没的小镇，一个在逃的连环杀手，一届下台的政府，某经济学家对明年救济人口的预测——这样的外界骚动也许正是我们所需要的，好以此换取内心的平静。

今天的新闻是：某男在网上与情妇亲热至深夜，然后因疲劳驾驶导致车子翻下高架桥，压死桥下厢型车内的一家五口。另一桩的主角是个前途锦绣的大学生，在某次派对后神秘失踪，五天后在一辆小型出租车的后备厢里被发现碎尸。第三桩则讲述了网球女教练和十三岁弟子之间的师生恋。这些事桩桩离奇，相形之下，不由让我们庆幸自身的理智与幸运。视线移开新闻后，对于按部就班的生活轨迹，我们不由感到焕然一新的欣慰：幸好我们意志坚定，及时掐灭了不寻常的欲望，所以至今尚未毒杀同事，或是谋害亲人然后埋在自家庭院。

5.

从长期来看，这些新闻会对我们产生什么样的影响？在我们与新闻朝夕相处之后，年年岁岁又还剩下些什么？关于走失的儿童、吃紧的预算、不忠的将军，当初的兴奋和恐惧去了哪里？除了中国在崛起、中非很腐败、教育要改革，抛开这一串模糊不清的老生常谈之外，在智慧的增长里，新闻报道又贡献了几分？

对于这些问题我们通常并不深究，也算是种网开一面的姿态。我们总认为，对于新闻充耳不闻肯定不大对劲。要放弃这些早年建立的习惯并不容易，想当年我们在学校集会时，面对权威人物滔滔不绝发表自认为重要的讲话，就习惯了出于礼貌端坐聆听。

质问新闻的重要性，并不是认为其无关紧要，而是想让我们的摄取回报更具自我意识。作为一份现象学记录，本书再现了受众与新闻的一系列遭遇，从各种渠道拣选新闻片段，并加以刻意分析，其深究程度超越了新闻制作者的本意。基于的假定是——这些新闻片段的研究价值，也许并不亚于诗句或哲学。

新闻的定义含糊不清，这也是刻意选择的结果。虽然各个新闻机构之间存在显著差异，却也仍有充足的相似度，以形成一个共同的范畴，将收音机、电视、网络和纸媒等传统新闻领域，以及左派右派、高雅通俗等对立的意识形态囊括在内。

撰写此书的工作带有乌托邦的性质，不仅审问新闻的当下，也试图探寻其未来的方向。憧憬完美的新闻机构，并不意味着就此对当今媒体的经济与社会现实无动于衷，而是希望借此挣脱我们过于轻易接受的一系列悲观假设。

6.

现代社会需要什么样的新闻才能有利于繁荣兴旺？目前，这个问题的破解仍处于早期。很长一段时间以来，新闻的获取和传递成本都曾极为高昂，导致其对人类内心生活的影响颇为有限。而时至今日，要想寻找远离新闻的寸土，反而成了难题。午夜梦回之际，新闻端坐着等候我们，飞行于各大洲上空时，新闻贴身陪着我们，就连孩子就寝时分，新闻也在伺机劫持我们的关注。

新闻的骚动已经渗透到了我们内心的最深处。现如今，须臾的沉静已是一份奢侈，安静地入睡，或专心与朋友交谈都堪称小小的奇迹。要是某人能离开新闻漩涡一整天，只倾听窗外的雨声和自己的心声，其持戒水平当直追高僧。

在新闻的影响之下，要想对抗因此而产生的嫉妒和恐慌、兴奋和焦虑，要想应对我们所被灌输的，但偶尔也不免怀疑是否值得了解的事务，我们也许需要一定的帮助。

因此写了这本小书，试图粗浅地探究下这个目前看来似乎过于寻常且无甚害处的习惯，以恐对我们产生负面影响。

II.

政 治 新 闻

Boredom & Confusion
TENANTS'RENT ARREARS SOAR IN PILOTBENEFIT SCHEME¶
ASSEMBLY ABORTION LAW CHANGE FAILS¶
MIXED EFFORTS TO REBALANCE THE ECONOMY¶
EUROPEAN COURT OF HUMAN RIGHTS
TO REACH IMMIGRATION JUDGE-MENT¶
COUNCIL SPENDING 'LACKING CLARITY'¶
COMMITTEES MAKE GUN-RIGHTS PROVISIONS PERMANENT¶
ANTI-AX GROUP LEADS CONSERVA-TIVE CHARGE¶
RECESS APPOINTMENTS RULING TO BE APPEALED¶
SYDNEY MAN CHARGED WITH CANNIBALISM AND INCEST¶
BBC

乏味与困惑

试行福利方案遭遇租户欠租激增 ¶

议会《堕胎法》修改提案未获通过 ¶

多管齐下的措施致力于恢复经济平稳 ¶

欧洲人权法院达成移民裁定 ¶

议会支出“欠透明” ¶

委员会将枪支权利条款入法 ¶

抗税团体领导保守势力 ¶

休会决定遭遇上诉 ¶

悉尼男子因食人和乱伦遭指控 ¶

BBC

1.

天刚蒙蒙亮。人尚未起身，手就伸向了电子屏，朝着新闻摸索而去。马上就得晨浴，然后手忙脚乱地开始新的一天，但还是可以见缝插针地瞄上一眼。

遗憾的是，今天的新闻乏善可陈。入眼的第一条标题有点令人不解——“试行福利方案遭遇租户欠租激增”——管它呢，点开看看，说不定奥妙在其中。

> 数据显示，直接向租户发放住房福利的某政府试行项目，遭遇大量租户拖欠租金。某地区预计，如果新政覆盖辖区内所有租户，损失总计将高达 1 400 万英镑。在这个酝酿中的“统一福利”计划里，其中一项关键制度就是将住房补助金直接发放给租户，而不是房东。劳动和社会保障部声称，该试验有助于其确保该方案在全国的有效实施。¶

看完了仍然一头雾水。政府决定改变对最贫困人群的住房补贴方式，这显然是件重要的事情；这家正派的新闻机构也花费了时间和财力来向公众介绍该方案的细节，但是要想对此产生真切的关注却并不容易。

这丝毫不足为奇。我们经常看到似乎颇为重要的新闻标题，私下里却觉得那则新闻事不关己。阅读现代民主国家的新闻机构出品的所谓“严肃”政治报道时，最常见的两种反应就是乏味和困惑，这也是最令人羞耻，因而被竭力隐藏的两种感受。

沿着新闻提要看下去，有一则澳大利亚乱伦食人案，却一下子吸引了我们的注意。

也许在内心深处，我们就是这样肤浅和不负责任的公民。

2.

但是，先别太过苛责自己，假设在同样的情形下，我们看到的新闻标题是：“俄罗斯男子咨询律师”，后面跟着这样的报道：

> 房间里等着六个人，其中三个妇女分别是老妇、少妇、商贩太太；另外三个男子分别是戴戒指的德国银行家、蓄胡子的商人，还有个身着制服、佩带领章的官员，看起来情绪不佳。两名文员坐在桌前书写，笔尖沙沙作响。写字桌上的文具十分精美，惹得(对于文具卡列宁可是行家)他不停打量。其中一名文员坐在椅子上，朝卡列宁一瞪眼，不悦地问：“什么事？”“我有事想请教律师。”¶

假设故事到这里戛然而止，并期待读者就此产生浓厚兴趣、迫切想知道后续发展，虽然不确定到底还会不会有“下文”。也许要再过好几周，这个令人疲倦的故事才能又续上十数行。

在这样的情形下，很难想象我们会对《安娜·卡列尼娜》产生真切的兴趣，然而，从一则冗长叙事中随意摘抄几个片段塞给读者，再将他们迅速拉开，且不提供任何事件发生发展的背景阐述，正是当今社会许多最重要的新闻报道的讲述方式，不论主题是竞选、预算谈判、外事政策提议，或是国家福利制度的变革。也难怪我们会觉得乏味。

3.

我们凑得实在太近了。以美术为比喻，这种新闻报道就好比让我们隔着一两厘米的距离欣赏一幅油画，入眼只见模糊不清的蓝紫色，上面零乱分布着几处边缘染白的黑色线条。以这种近距离观察，我们真说不清画中究竟是木星的表面，还是皮肤的淤青，或是某种史前生物的足迹化石——而且听起来都不怎么迷人。而实际上，我们凝视的也许正是西方艺术中最具心灵震慑力的肖像画：提香的《吉罗拉莫肖像》之局部，只不过距离出了问题——因为你必须至少离画一米，才能领略到这件大师作品的种种趣味。

4.

对于人类而言，乏味是一种全新的挑战和负担。在过往历史中

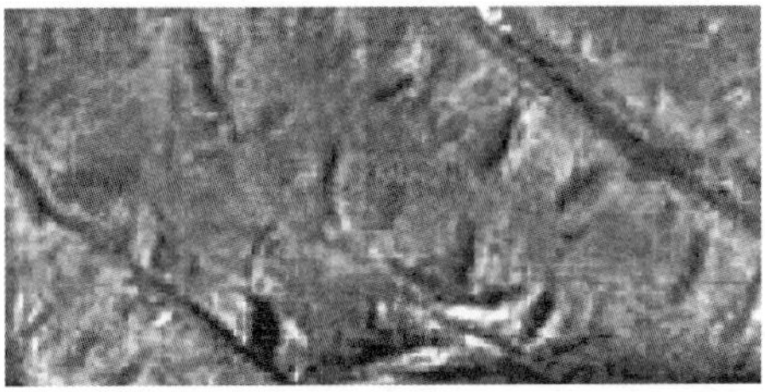

与我何干?

提香,《吉罗拉莫肖像》,约1510年

的大部分阶段，基本就没出现过让人乏味的新闻。信息曾经是少数神秘的权贵统治阶层的专属，总共只有国王、大臣、军队统帅和贸易部门的上层才能接触到。

而如今，新闻已飞入寻常百姓家，但好奇心的车轮却常常面临在数据泥潭里空转的风险。这感觉就像是每天早餐前，总有个忧心忡忡的公务员带着公文包冲进来找我们，包里塞着一堆眼花缭乱、到头来又让人筋疲力尽的烂事："五家医院预计在月末超出它们的信用额度"，"央行对于自身债券市场募集资金的能力感到忧虑"，"一艘中国军舰刚刚驶离大陆前往越南"，" 加拿大总理将于明日来赴晚宴"。

对此，我们该作如是观？该如何在大脑中安置这些信息？

5.

新闻机构羞于向我们承认，其每天交付给大家的不过是故事的只鳞片爪，要想看清庐山真面目，往往只能等待数月，甚至数年。所以明智的做法是等待连缀成篇后，以整体事件为单元来了解，而不是听取零碎片段。对此，新闻机构如铁板一块地发出暗示：在眼下抓取一点话题的皮毛，永远要比假以时日等待更可靠和全面的情况来得好。

鉴于这种做法可能造成读者的困惑，此时最迫切需要的，乃是良好的标示。配上“俄罗斯男子咨询律师”这样的标题，就算是《安娜·卡列尼娜》这样震撼的小说，其片段也读来乏味。然而，如果我们知道正在阅读的文字虽略显平淡，但却是取自某部伟大的长篇巨著，而全书探讨的乃是婚姻的悲剧性，尤其是冒险的渴望与家庭生活、社会规范之间的紧张关系，我们在等待后续章节时，兴许就多了几分兴奋。

我们需要新闻机构给出提示，告诉我们如何将割裂的报道纳入更宏大的主题，从而生发真诚的兴趣。无论是什么信息，要对之产生兴趣，就必须予以“定位”，也就是将该信息与我们之前业已知晓的事务相关联。不妨将人脑中的某一部分看做一座图书馆，其中分门别类地存放着各类信息。我们日常听到的大多数事务都明确标示了其应归属的门类，于是即刻被大脑下意识地归档：绯闻故事进入早已满荷的《男女关系大全》，某位首席执行官的突然下岗插入《工作和地位》，以积累对该主题的理解。

但是，随着新闻报道的内容变得越来越古怪和琐碎，归类工作也变得日益艰难。我们通常所说的“感觉乏味”其实是指大脑出于自我保护的反射，将不知如何归档的信息予以逐出的过程。举例而言，面对“一群中国官员访问阿富汗，并在巴达赫尚省讨论边境安全”，或者“某左翼智库鼓吹降低制药业纳税标准”这样的新闻，我们恐怕有点不知该如何归档。此时，我们或许就需要帮助，来将这些信息孤儿护送到信息大家庭，以建立身世纽带。

新闻机构理应承担图书馆员的部分工作，让大家约略知道，个别事件归属于何种宏大的主题。某外地城镇周六晚上的毁坏公物案件（“贝德福德公交车站被年轻人涂鸦”），单独看来并无引人注目之处，但如果纳入名为“在缺少宗教援手的自由世俗社会树立道德行为的困境”之系列剧，就会变得表情生动。同理，一则讲述刚果民主共和国政府腐败案（刚果民主共和国被曝回扣指控）的报道，个别看来可能令人费解，但是如果能加上揭示大背景的宏观标题：“西方概念中的国家与非洲观念里的部落之间的冲突”，就会变得面目清晰。

加上恰当的标示后，就算是政府住房福利体制改革这种乏味的报道也不至遭遇淹没。事实上，这篇文章的标题——“试行福利方案遭遇租户欠租激增”—— 根本就不是这起新闻事件的焦点所在，就像《安娜·卡列尼娜》的焦点也不是关于俄罗斯男子咨询律师。这起新闻事件的重点在于，现代国家如何不断探索援助最贫困人群的最佳方式，归属于讨论了上百年的议题：“福利到底是提供了尊严和支持，还是默默促成耻辱的依附关系”。因此，这则新闻片段也许可以被安放到名为“补贴对人品的影响”、“援助心理学”，或“穷人的责任”这样更为朗朗上口的章回体叙事中。

6.

可惜的是，许多新闻机构都存在着一种打消受众兴趣的偏见，认为最能成就新闻声望的，乃是以冷静中立的方式陈述“事实”。例如，CNN 的口号是“给您带来事实”；荷兰的《新鹿特丹商报》强调其“传递事实而非观点”；BBC 则自诩为“全世界最可靠的事实来源”。

问题是，当今时代已经不缺少可靠的事实。重点不在于提供更多事实，而是如何处置手头的事实。每天，新闻都像是在开闸放洪：标准普尔正在评估各国的信贷评级，政府开支法案获得延期，划分选区的提案被提交给委员会，天然气管道计划已经开始酝酿。但所有这些事实到底意味着什么？与政治生活的核心问题又有什么关联？能够帮助我们了解些什么？

事实的对立面是**偏见**。在严肃新闻单元，偏见的名声极恶，与恶意构陷、谎言欺骗、剥夺受众独立思考自由的集权行为相当。

然而，对于偏见我们或许应该大度一些。就其纯粹状态而言，偏见不过是对人类社会的运作与繁荣的一种观点，并由此为出发点对各个事件予以逻辑一致的评估。偏见就像掠过事实的一枚镜片，旨在将眼前的事物看得更清楚。偏见致力于解释事件的真相，并引入一整套用来评判想法和事件的价值观，因此，对偏见采取避之不及的方法似乎有点小题大做。我们的任务应该是去寻得方法，以便采用其中较为可靠和有益的部分。

虽然我们对于偏见一词的理解常常受限于某些左翼或右翼的极端言行，但其实偏见就和人生观一样千姿百态，因而为我们提供了大量可供观察世界的有益镜片。例如，我们可以按照惠特曼或奥斯汀、狄更斯或佛陀的特有角度去解读新闻。我们也可以想象某个带有精神分析偏好的新闻媒体，会把焦点放在阿以冲突中双方的愧疚与嫉妒，敏于察觉政治辩论中的心理投射，怀疑经济萎缩0.1%即导致全国陷入“萧条”的说法，或者经济增长1.3%就认为幸福必将到来的观点。

新闻机构值得称道的殊荣，不应该是简单收集事实的能力，而是明智地运用偏见、从事实中梳理相关性的技能。

7.

现代政治的核心是个宏伟而壮丽的理念，即每个公民都在用以小见大的方式担任自己国家的主人翁。要实现这个诺言，新闻扮演的角色至关重要，因为只有通过这个渠道，我们才能观察国家领导人，从而评判其治国能力，并形成我们应对当今最迫切的经济及社会挑战的立场。新闻机构不是民主的附带产物，而是民主制度的保证人。

然而悲哀的是，就协调、萃取和治愈等方面的表现而言，当今的新闻显然力不从心。我们所面临的危险在于，不断变化的新闻议程将大家搞得无所适从，最终无法形成任何政治立场。众多令人愤慨的暴行逆施，哪一桩和我们真正相关？几小时前让我们兴奋如同打鸡血的新闻，其实质到底是什么？也许真答不上来。一旦社会达到空前的复杂阶段，我们就急不可耐地希望所有重要议题都能被大力压缩。面对新闻抛出的宏大议题，相形之下，个人能动性显得不值一提和违反直觉。和新闻的遭遇与其说让我们感受到影响政治进程的可能性，不如说让我们在面对混乱不堪且无法改善的宇宙时，感受到自身的人微言轻。

8.

黑格尔认为，“新闻如今占据的权力地位，至少等同于信仰曾经享有的位置”。这一论点，忽略了这两种知识领域的重要差异，即宗教一直以来都对人类持续关注能力的缺陷极为敏感，虽然宗教和新闻一样，都想把重要事务日复一日地告诉我们，但和新闻不同的是，宗教明白，要是一次性说得太多，而且凡事只说一遍，那我们就什么也记不住，继而什么也做不了。

因此，宗教精心地留着口粮每天喂一点，带领我们耐心地明白若干事务，然后一而再、再而三地重复。重复和排练是各大宗教信仰的关键教学法。这些宗教知道，以仓促和兴奋的方式说理毫无意义。因此会安排我们在肃穆场所端坐，安抚我们的心智，然后用庄严的口气不慌不忙地说法。并且懂得，隔上数日或数周必须进行复习，如此我们才有可能被感化，从而改变所思所为。

9.

我们很容易认为，民主政治的真正敌人一定是凌厉的新闻审查制度，因此言论自由或出版自由应该是文明的天然盟友。

然而，现代世界却让我们发现，要削弱人民的政治意愿，有些力量远比新闻审查更具危害，也更加愤世嫉俗，那就是——以足够紊乱、零碎和割裂的方式讲述事件，让多数人对政治感到**困惑、乏味和分神**，以至当面对最重要的议题时，都没有了持续关注的能力，无法摸清来龙去脉。

当代的独裁者如果想要巩固权力，完全不必费力去做下达禁令这样恶名在外的事，只消确保新闻机构源源不断地播出各种没头没尾的简报，只要数量庞大，不做解释，时时变更议题，让人浑然不觉不久前十万火急的某件事与眼下另一件事之间的关联，再间或穿插一些重口味的杀人犯和影视明星轶闻，就大功告成。要削弱大多数人对政治现实的把握，或者打消他们改变情势的决心，这样做就足矣。完全没有动用新闻禁令的必要。只需依靠新闻洪水，就能将现状高枕无忧地维持下去。

当民众普遍觉得政治新闻乏味，这就不是一件小事；因为当新闻无法通过其陈述技巧来抓取大众的好奇心和注意力，社会就无法克服自身的困境，从而无法调动民意，以引领社会变革与改良。

但是，解决办法却不是简单地胁迫人民消费更多的“严肃”新闻，而是推动所谓的严肃新闻媒体学会用吸引受众的方式呈现重要信息。我们常常想当然地认为严肃的话题必定是，也理应是——有点乏味。此间的挑战在于超越目前的二分法：一派新闻媒体内容扎实但表达沉闷，而另一派新闻媒体哗众取宠且不负责任。

在未来，理想的新闻机构会认真担当抽丝剥茧和深入浅出的重任，惟其如此，福利补助的报道和澳洲乱伦食人的报道才会（几乎）同样引人入胜。

些微的希望

曼城发生三十年来最严重的暴乱，市中心遭遇抢劫者破坏。打劫者中年龄最小的仅为九岁。数百名年轻人和“野”孩子拥上大街，打砸玻璃，偷盗衣物、手机和珠宝。商店与垃圾筒被焚。警察疲于奔命，在全城猫捉老鼠般追赶抢劫团伙。警方高层昨日坦承，动乱的规模使其“难以招架”，已向邻近警力发出增援请求。¶

《每日邮报》

1.

我们生活在怎样的国家？这里的普通人是什么模样？我们对此应该感到恐惧还是安心，骄傲还是羞耻？

首先要承认的是，我们不能单凭自己的经验来回答这些问题。要了解一个国家实非易事。就算是最小的国家，其人口规模也不容小视，而一个人再好交际，有生之年也只能认识其中一小部分。此外，便于公民认识交往的大型公共场所也为数不多。我们通常不会在购物中心交新朋友，或在电影院里洞察我们的同类。这在过去兴许还容易些。例如在古代雅典，由于气候宜人、市中心小而聚气，又拥有民主交际的文化（至少对部分市民而言），那里的居民总有层出不穷的机会去体验社会的脉动。但今天的我们却没这个福分。我们的城市太大，天气太多变，民主制度太迂回，而且住家又太分散。

因此，我们只能用间接的方式，依靠想象而非实际体验来形成对社会的印象，并且还需借助两种工具的大力帮助。

2.

第一种工具是建筑。一个国家的街道、房屋、办公楼和公园的外观，共同表现了当年设计这些建筑、如今栖身这些建筑的人的精神肖像。

如果想要了解现代荷兰的性格，并且恰好在阿姆斯特丹的东码头溜达，你也许可以单就建筑得出结论，认为荷兰人是个有前瞻力、好玩乐、爱和平、重家庭的民族，你可能会想去深入认识荷兰人，觉得他们的存在似乎让人感到希望和安心。

再来比较下另一群建筑——位于伦敦北伍尔维奇的栈桥水岸改造项目。在这里，映入眼帘的是一幢幢沾满水锈、到处开裂的混凝土烂尾楼，让人感到四面楚歌，仿佛若想在这里解决争论，最佳方式莫过于叫嚣和暴力。欢笑和纯真似乎在此显得违和。

当然，我们并不一定需要遵循这些建筑的提示。也许我们会在阿姆斯特丹的码头感觉愤怒沮丧，而在栈桥水岸感觉唯我独尊，只是这种可能性不大罢了。

3.

第二种让我们了解他人性格的工具，当然就是新闻。是新闻让我们得以认识生活中没有机会认识的人，并且随着时间的推移，通过新闻中的报道和评论，对自己所生活的国家形成特定的印象。

“其他人”带给我们的反差想象:阿姆斯特丹码头(上),伦敦码头(下)

因此，当我们追随每日新闻时，一定会从中了解到，最黑暗的事实或许就发生在身边：

母亲疑似将四岁小儿活活饿死 ¶

卖淫集团受害者企图报警遭到恐吓，团伙以割脸并将其婴儿斩首相威胁 ¶

男子将妻子锁在地下室并用狗链鞭打 ¶

五十一岁女信徒使用防冻剂杀死恨之入骨的丈夫和蛆虫不如的儿子，继而再毒死其失业的女儿 ¶

工厂工人在采摘水果时性侵两名十三岁少女 ¶

飞行员因感觉被羞辱，痛殴富婆妻子致死 ¶

由于医生之间“灾难性地”缺乏沟通，幼童因失血过多丧命医院 ¶

男子试图用砍肉刀剁下前女友双手 ¶

《每日邮报》

4.

这些报道对我们的影响可能比想象的更严重。每天会有数百万读者看到这样的消息，对他们来说，这类新闻比大多数小说和某些朋友来得更有趣。在我们的大脑还没打算开门迎客之前，新闻就溜进来涂抹我们对陌生人的看法。读完这样的报道之后，很多事情都会因此变得更加困难。

我们会因此变得悲观：

英国经济面临三重灾难 ¶

我们会因此害怕坐出租车：

强奸案法官警告，女性乘坐出租车欠安全 ¶

也害怕乘火车：
流浪汉在月台推挤八十四岁老妪致死 ¶

还会担心生病：
“史上最致命”的新型流感病毒杀死三分之一感染者 ¶

但是更害怕上医院：
三十九岁病人因八小时缺水且“无人问津”而丧命 ¶

我们会渴望青春再现：
女歌手麦莉·赛勒斯身穿白色紧身热裤、脚蹬黑色长靴，热辣现身晨间电视节目 ¶

却不免失去了对纯真的信心：
教师向十六岁学生提供大麻并与之发生八次性关系 ¶

我们开始担心自己的身材：
女星科洛·塞维妮着字母短裤秀长腿出席《女子监狱》首映 ¶

并且也知道垂老时，人们将怎样评判我们：
梅格·瑞恩的脸到底怎么了？ ¶

我们还在担心鸟的问题：
死鸟惊现袋装生菜；令顾客大惊失色 ¶

以及昆虫：
妇女在袋装蔬菜里发现活生生的巨型埃及蚂蚱 ¶

我们因此痛恨政客：
欧盟领导人坚称布鲁塞尔预算已无节省空间，却在午宴时狂饮一百二十英镑一瓶的红酒 ¶

但是对普通人也没抱什么希望：
坐轮椅的五十九岁平权顾问因企图在旅店性侵五岁女童及其母亲

而被判入狱 ¶

我们因此对男人抱有恐惧：

男子在与女友争吵后狂甩十一月龄儿子并将其摔地致死 ¶

但对女人也同样害怕：

四十三岁的母亲因与女儿的十四岁男友通奸被捕 ¶

我们会意识到自己的生活多么平淡：

超模凯特·莫斯、“黑珍珠”纳奥米·坎贝尔与格蕾丝·琼斯在众星云集的画廊庆典后狂欢至凌晨五点 ¶

且自己的爱情也乏善可陈：

就像蜜月永不结束：凯拉·奈特莉与丈夫深情相拥 ¶

我们似乎没有理由对人类感到绝望：

七岁苏瑞·克鲁斯推出个人时装品牌 ¶

《每日邮报》

5.

要是问，为什么新闻要告诉我们这些事，弄得我们抓狂不已，新闻会一本正经地回答：我们别无选择，因为告知“真相”乃新闻责任所在。一个国家会发生什么事，可不是新闻可以决定的。这些报道都非凭空捏造：确有父亲杀死十一个月大的儿子；坐轮椅的平权顾问确实试图在旅店与五岁女童以及母亲发生关系。让公众远离这些严肃的基本现象，就是新闻的失职。记者必须坦诚和冷静地分享这个国家的真相，就像医生向病人告知难以接受的诊断结果。

6.

然而，事实并非完全如此。任何国家在任何时候，就围绕这片土地上发生的事情，都会有各种相互矛盾的证据。有些恋童癖杀手会很活跃，但同时也会有千万民众反对虐待儿童。有些人会将砍刀挥向不忠的伴侣，但大多数人遇此，不过是眼泪汪汪地得过且过。有些居民会被经济困境击垮，但也有很多人在捉襟见肘时仍然保持乐观。有些人会在大街上发泄，打砸商店橱窗抢夺烈酒，但大多数人更喜爱在花园里修剪枝条，或在厨房里打扫卫生。少数人会香车华服夜夜笙歌，但更多人懂得淡然享受平凡生活的趣味、尊严和自由。年老色衰固然令人不安，但是要展示自己的才华、博取他人的赏识，也并非只有秀大腿一条路。

奇怪的是，生活中比较光明的一面却从未能跻身新闻。有太多的新闻标题虽然真实无虚，却绝无可能获得发表：

八十七岁祖母在十五岁路人的帮助下登上火车站三层楼梯 ¶

教师克制住对年轻学生的情感 ¶

男子经过短暂反省放弃杀妻冲动 ¶

六千五百万国民安度整日，既未杀人也未打人 ¶

所谓的“真相”还有许多个不同的版本，所以当谈及一个国家时，我们无法认为每天只有一例事件发生，以为只要新闻机构态度坚定，就定能将事实真相捉拿。新闻也许会自诩为真相的权威，也许会声称找到了正在发生事件的真实答案——尽管这个问题根本就不可能有答案。就记录现实而言，这种包罗万象的本事也并非新闻所具备。新闻所做的，不过是通过自己的选择，将某些报道置于聚光灯下，而将另一些报道淡出视线，从而塑造出选择性的事实。

此间凝聚了一股巨大且未被察觉的力量：拼凑一国公民对彼此印象的能力；操纵我们对“他人”看法的能力；在我们的想象中塑造一个国家的能力。

这种力量极其强大，因为新闻部署的选题终究会产生强大的自决影响。如果新闻日复一日地告知我们，周遭众多同胞都疯狂且暴力，则我们每次外出时肯定会觉得心惊胆战。如果新闻潜移默化地给我们洗脑，灌输金钱和地位的重要性超越一切，则我们就会对平凡生活感到羞耻。如果新闻暗示所有政客都满嘴谎言，我们就会默默地舍弃理想和纯真，并对政客的每一项计划和声明都嗤之以鼻。如果我们被告知经济状况是人生成就的最高指标，而萧条至少会延续十年，那我们恐怕就再也无法打起精神面对现实。

7.

在对周遭的四面楚歌感到绝望之前，我们应该记得，新闻到头来不过是针对眼下事件的一面之词，既不多，也不少。

我们的国家并不只有一双被砍断的手掌，一个被分尸的祖母，三个死于地下室的女孩，一位陷入绯闻的部长，数以万亿计的债务，火车站的双人自杀，海滨公路的五车致命追尾。

我们的国家也是此刻教堂尖顶那朵无人问津的浮云，拿着注射器温柔贴近病人胳膊的医生，灌木篱笆下的肥胖田鼠，敲打白煮蛋壳的孩子和一旁满眼慈爱的母亲，胆大心细巡视海岸线的核潜艇，研制出首个新型引擎样本的工厂，以及虽遭百般挑衅却仍能保持克制和宽容的伴侣。

这些同样也是现实。新闻中展示给**我们的国家**，并非全然就是**我们置身其中的国家**。

8.

为什么新闻机构如此关注黑暗面？为什么在传递消息时，要严苛如斯，希望如渺？也许新闻机构觉得，大众的骨子里有点太过天真，坐井观天又沾沾自喜，所以迫切需要得到负面现实的教育，以校准他们对别人的期望，并尽可能采取防御措施。这项假定是，倘若没有新闻提供负面真相，国家可能就会陷入粉饰太平、夜郎自大的危境。

姑且不谈背后的逻辑，这个论点至少就新闻机构应该如何策划新闻内容提出了建议。面对无数可供报道的素材，新闻机构拣选的事件，应该响应国家最迫切的需求。什么是国家在当下最需要聆听以取长补短的声音？这应该是拣选新闻素材时的决定因素。

今天的新闻机构对这种逻辑并不陌生。令人困惑的部分，是新闻机构对国家需求的判断。大多数国家其实并未对其境况过于乐观、自信或希望饱满，而是恰恰怀有相反的态度。媒体的报道虽然隐含了对国家问题的诊断，但这些问题背后的原因，却并非媒体目前所暗示的那些。夸大的恐惧、焦虑和忧郁，让许多国家断送了自己的机会。对于自身连篇累牍的问题，这些国家心知肚明，但又觉得无能为力、无法化解。面对经济衰退、关系破裂、问题少年、身份焦虑、身体衰弱和经济毁灭，出路究竟在哪里？这些国家并不明了。

新闻在此间背负着一项任务：不仅需要把社会最严重的问题告诉我们，偶尔也需要培育和引导自豪、坚毅的情绪和燃起希望的能力。引起国家衰落的不只是过度乐观，媒体所造成的临床抑郁症亦是成因之一。

9.

建筑可以充当有用的实例，告诉我们：其实偶尔展现正面能量，也有其正当作用。承担设计 2012 年伦敦奥运会自行车馆（距离北伍尔维奇不足一英里）的团队，虽然对英国的很多问题深有体会，如阶级差异、经济不平等、教育缺陷和住房短缺、离婚率攀升和礼仪道德退化，但从事这项设计时，他们决定暂且不去纠结上述问题。

相反，他们选择设计的建筑物充分表现出谦恭有礼、现代化、阶级和谐、自然交融。他们希望通过这座用玻璃、钢铁和北美红雪松建成的自行车馆，让上述特质在全国上下得到更彻底的彰显。整幢建筑堪比一篇溢美之词，称颂英国拥有这些令人称羡的特质，尽管实际上，这些特质在英国不过是处于萌芽或隐约的状态。

我们习惯于将溢美之词视为感情用事或危险的信号，认为这是对事实的背离。但是，这种看法其实低估了现实的可塑性。一个小孩如果因为初次的善举（例如与邻居小孩分享玩具）而得到表扬，并被赞可爱，那么他会因此受到引领，超越之前实际上是偶尔为之的举动，继而真正地成长为被赞扬的那种人。

建筑诚然如此，新闻异曲同工。除了惯常于聚焦灾难和邪恶之外，新闻在某些时候也应发挥另一项重要功能——提炼与浓缩些微希望，以帮助国家在艰难中披荆斩棘、开创未来。在揭露社会恶行、攻击现存缺陷的同时，新闻也不应忘记：构建美好、宽容和健全的社会愿景也同样重要，惟其如此，才能唤出人们为之奉献的意愿。

这或许(也)是英国的“其他人”所期盼成为的模样：
奥运会自行车室内赛车场的示意图，伦敦，2012 年

恐惧与愤怒

陨石伤及数百人引起恐慌 ¶ **美国全国广播公司**

非典型肺炎恐将蔓延 ¶ **《悉尼先驱晨报》**

办公室座椅可能令人丧命 ¶ **《商业周刊》**

电子书对儿童有害 ¶ **《卫报》**

政治前景乱象丛生 ¶ **美国有线电视新闻网**

议会犯下不可原谅的拙劣错误 ¶ **《每日电讯报》**

1.

我们花在新闻上的时间越长，就越容易产生两种情绪，其一是恐惧，其二是愤怒。

新闻明确地告诉我们，世界上有太多耸人听闻的事件，包括天外来客、突变病毒，甚至也可能涉及办公室家具和新型科技。针对这些及其他各种灾祸，新闻引导我们采取一种杂糅了畏惧、惶恐和脆弱的特殊姿态。在人类面对的种种困难面前，新闻认定，我们安然存活的几率极其微茫，但如果养成紧跟新闻标题的习惯，几率或许能稍高一些。

2.

在煽风点火营造恐惧之时，新闻残酷地利用了大众不善透视事件的弱点。

在视觉艺术中，掌握透视意味着能够准确把握不同事物间的真实空间关系。远处的东西看起来遥远、微小，近处的东西看起来贴

严重洪水席卷英国致村庄撤离

包括汉普郡沃林顿在内的英国多处成为灾区，导致司机被困道路，汽车浸水，还有一辆露营车被水冲走。

《每日电讯报》

近、庞大。学会如何在画布上表达正确的透视关系，对于艺术家来说是一项极为艰难的工作，这也意味着，在我们生活的其他领域，这项工作也同样困难。

应用到新闻中，拥有穿透视角涉及比较的能力，也即将当前看似创伤的事件与整个人类史的经验进行比较，从而确认，为之分配多少注意力和恐惧心才公允合理。

一旦拥有透视意识，我们马上就能领会到，与新闻所示意的恰恰相反，天下万物几乎没什么有十足新意，只有少数真正称奇，而绝对恐怖的则屈指可数。革命不代表历史的终结，只会以种种琐碎和复杂的方式改变许多事物。经济指标虽然相当严峻，但在过去一百年里也出现过很多次类似的衰退，就算出现预测的最差景况，也只不过表明生活水平倒退至几十年前，而那时的日子不是也照样在过？严重的禽流感也许会暂时打乱国际旅行并让现有药物失灵，但是研究实验室终将破解病毒并加以遏制。洪水看起来破坏严重，但终究只有小部分人受灾，且很快就会消退。也许我们永远无法彻底了解癌症和心脏病的各种成因，但长生不老从来不是凡人所能追求。罗马帝国灭亡了，但六百年后，一切都几乎回归正常。

淡定与否终究取决于我们的期望高低：如果我们接受人生不如意十之八九（但这也没什么大不了），改变不会一蹴而就（幸好人生路漫漫），多数人既非大善也非大恶（我们自己也在其中），人类社会总是一波未平一波又起（却还是挺了过来），如果我们能让这些昭然若揭但却闪烁不定的想法在内心生根，则恐慌就没那么容易将我们降服。

但是，如果这种恬淡寡欲的做派在新闻面前遭到冷遇，我们也不必觉得奇怪，因为凸显人类的脆弱具有巨大的商业利益。新闻天生就急需让读者时时感觉焦虑、惊骇和烦恼，但是，尽力保持坚毅的韧性，却是我们更大的责任。

3.

当新闻未在实施恐吓时，它多半正忙于激怒大众。互联网新闻帖下的留言功能，揭开了普罗大众心中不可思议的愤怒。从留言来评判，我们中的大多数人在大多数时间里似乎都处于全然暴怒中：

欧盟难以达成预算共识

评论

焦虑的公民　　2 小时前

神马时候我们才能脱离这令人厌倦的循环！！！！！！！！！

花鸡　　2 小时前

当下正存在危机，但问题是政客们没有办法化解。为什么？因为欧盟构建的基本概念就有缺陷——而且这套体系永远也不可能行得通。我们需要一个双层架构。他们为什么不先去解决这个问题，然后再回来谈论符合现实的预算？！

Muishkin 4分钟前

由于小编认为该评论违反语言规范，评论已被删除。¶

BBC

可以察觉到，在这些愤怒背后，潜藏着一种令人动容的信念，认为世界上的问题基本都有解法，之所以未能以足够敏捷或坚定的方式予以处理，理由其实非常简单，就是**我们的统治者都是恶棍和白痴**——每一天都有新鲜证据证明这一点。评论中也有洞见，只是被掌握在错误的人手里。这正是新闻的核心矛盾所在：新闻给予我们工具，让我们就直接影响自身生活的重要决定形成自己的观点；新闻邀请我们置身于会议桌前和议会大厦，引介我们认识其中的关键角色。但是接下来呈现给我们的，就只有各种莫名其妙的拖延、怪异的妥协和令人抓狂的回避。这种感觉就好像每天让我们隔着玻璃看着好友溺水，而自己却无能为力。

新闻最拿手的本事就是不断用暴风骤雨般的变革和改良逗弄我们，将某些政客神化为远见家，信誓旦旦地看好他们在任内数月彻底改造国家的能力。新闻急不可耐地等待央行新行长的履新，认为资本主义蛰伏的冬天可望从此结束。新闻带领我们去旁听会议，鼓励大家相信与会代表可能在三天的商讨之后，一举解决地球上关于经济、非洲贫困或大气变暖等重要议题。

然后，一切轰然倒塌。众望所归的政客被证明是个蠢蛋，随即因为浅薄与自满被赶下台；央行行长认为债市表现堪忧，因此形势仍将趋紧；伟大的会议在琐碎的口角中陷入僵局，个别代表甚至被爆在酒店账单上做手脚。

看到这里，如果我们禁不住要用上不了台面的语言在这些新闻帖下留评论，这多半也是因为新闻从来都不愿意为读者解读围绕这些问题的方方面面的原因。最合乎逻辑的解决办法通常仅仅因为当**事人愚不可及**就被忽略。我们的诘问开始由不耐烦变得怒气冲冲，质疑道："这些人为什么就不……"用不着朝着宿命和恭顺的方向走多远，我们就应该立即对这个理直气壮的问题产生怀疑。这不该只是一句带有修辞色彩的盘问，还应该引来一系列严肃的答案。新闻很少提及：**为什么**翻天覆地的改变那么困难？**为什么**掌握强大权势和资源的人物或机构无法一举解决难题？新闻从不引导我们进入思考的细微处，去关注那些让决定变得"艰难"的真正原因，只会让我们在积聚的愤怒中认定：怠惰、愚蠢和怨恨是目前所有问题的成因——并且能够借由几个睿智机灵的人（也许包括记者本身）三下五除二地解决。

倘若能为我们揭开事件各方都竭力回避的内幕，让我们得以窥探各中奥妙；倘若能提醒我们所谓的解决方案有可能引起另一波问题；倘若能让我们感知会议桌上的火药味、议题中极为艰难的选择，以及（至少在某些案例中）许多与会者的基本善意；倘若我们能就艰难决定何以变得艰难得到循循善诱的分析，我们的愤怒就会在很大程度上得以平息。

虽然愤怒貌似是对某种境况的悲观反应，就根源而言却是抱有希望的征兆——希望世界能够变得比目前更好。一个男人如果每次丢了家门钥匙就高声咒骂，他其实是在表达一个美好但却轻率的信念，认为在我们生活的这个宇宙，钥匙永远都不会遗失。一名妇女如果每次看到政客打破竞选承诺就生气恼怒，所流露的其实是她的乌托邦式信念，认为竞选这种事不存在欺骗的危险。

4.

新闻不应该排除愤怒的回应，但应该帮助我们愤怒得有正确理由、有妥当分寸、有始也有终，并且成为具有建设性的构件。

上述情形若是无法达成，则新闻应该带领我们为人性的扭曲而哀悼，并且让我们心平气和地接受人生的种种困境：出于一系列愚蠢可笑但无能为力的原因，我们既有想象完美的能力，又有无法实现的苦衷，这之间的困境就需要新闻来调和。

而现在，新闻却拒绝就某些问题给出能让我们平和的回应，因为一旦给了这样的回应，就证明这些问题其实也很平常，且基本上（而非例外地）就是不完美的人类无法回避的状态。由于被愤怒带来的兴奋和商业利益所绑架，新闻残酷地抛弃了其慰藉的使命。

政治生活中最重要的事实，恰是几乎任何新闻机构都不敢承认的，因为一旦说破，其半数的推测和失望就会即刻失去生存空间，那就是：在政治的某些关键领域，**任何个人或党派都无法带来立竿见影的改变**。不单是这个傻瓜或那群白痴，**任何人**都不可能以新闻圈满意的节奏改变事务，并且对于某些问题，所谓“解决办法”的实现，都需假以上百年乃至更久的变化积累，而不是凭借一位救世主的降临、一场国际会议的召开，或一场速战就能实现。

5.

当乐观心态遭遇挫败时，新闻以幻灭的方式承载着启蒙运动的余波。新闻拒绝接受人性的现实，让我们的希望不断击碎在同一片浅滩上；新闻扮出一副天真无邪的姿态迎接每个早晨，却又在夜幕降临时如大梦初醒般对我们的处境报以怨愤。新闻设想了一个潜在的完美世界——永远距离我们只有一步之遥，却总是在政治进程的脚步中诡异地滑脱。新闻从不肯帮我们承认：就很多方面而言，我们本就是无可救药的物种，这并非偶然，而是根本如此。并且在关键时刻，放弃歇斯底里的愤怒，保持安静深沉的忧郁，才是睿智的做法。

恶人与丑闻

国会议员埃里克·伊尔斯利以欺骗手段虚报一万四千英镑公款，认罪后面临入狱。该款项被用于其在伦敦南部肯宁顿伦弗鲁路第二寓所的市政税、电话费、服务维修费以及保险与修缮。¶

《每日电讯》

1.

新闻业中某些最伟大的胜利来自对权势人物的曝光。由此落马乃至入狱的新闻主角不在少数。

想到单凭图片和文字便可促成大人物辞职或坐牢，新闻记者们兴奋不已，对于他们中的很多人来说，水门事件至今仍然是其职业的核心灵感和指路航标。

当新闻记者被问到其对社会最重要的贡献是什么，他们一般都会特别强调："对权力展开问责"乃其天职。

2.

新闻记者会说，对权力人物必须加以问责，因为他们极有可能触犯国家法律，并以为自己能逃脱法网。于是他们偷盗财产，隐瞒未完税收入，行贿以规避法律，触犯用工规定和环境法规，对弱势群体进行恐吓和性侵。

根据这种论断，新闻业从根本上乃是警力的分支，以及税务机

世界变得更安全：英国政客埃里克·伊尔斯利在媒体介入
其公款报销后，被判入狱一年。 这正是水门事件典范的实例。

关和各种消费者团体的代表。新闻率先揭发罪行，继而协助检举违法乱纪实例，从而保护沉默的大多数的利益。

3.

当新闻调查将某个权力人物从家中抓捕归案，那高潮一刻足以构成一幅令人沉醉的场景。警方与新闻机构步调一致，在清晨展开行动，违法分子身披睡衣、嘴含吐司或麦片的惊恐样子被摄入镜头。有时候背景里还会出现哭喊的配偶或孩子。

借助新闻报道，我们得以成为类此事件的证人，并缓和了心中一系列的情绪问题，包括不公平感、耻辱感，并得出一个基本的想法，认为世界决不能再交由能力低下、品行恶劣者掌控。

当罪犯被押入警车后座驶离时，新闻给了我们这样一种希望，认为自身生活和社会上种种痼疾的源头如今已被昭示天下，并且安然去除。

4.

虽说确有很多权力人物由于新闻报道而落马，但发达国家的许多最重要的顽疾，却不会因为恶人被抓而斩草除根。如果真切审视这些国家最大的挑战，就会发现：困境和难处不仅在于顶层的违法乱纪或合同欺诈，还有很多其他方面的问题。

举例而言，在这些国家里，要找个环境良好，且经济上可承受的社区安家，常常是难上加难，但这似乎又并非某个恶人的“过错”。太多的工作薪水微薄、乏味枯燥、地位低下，老板和经理不近人情，但这些问题好像又够不上丑闻报道的素材。很多商业产品其实都品位低俗、浪费资源、过度包装，且非必需，但要在这个问题上找到能够指名道姓的元凶并加以指控，也同样困难。

某个问题人物的落马，可以在一时给大众带来深深的满足，但是其激发的希望却很有可能是种误导。就算最后一个贪腐的财阀或一手遮天的高官也落入法网，每个国家仍会有一堆让人头疼的烂事。如果我们继续沿袭水门事件风格的新闻调查，只按照这种思路抓坏人，便有可能会错过许多隐蔽而重要的问题。我们将无法深入探究虽然不是个人造成，但更具系统性、毒性不相上下的整体性问题，而这些问题与违法行为之间的关系，就像消极进攻与家庭暴力之间的关系：这些行为和价值观不动声色、不触法律，却能把生活摧垮，真可谓毁物细无声。

有些开发商虽然没偷没抢没犯法，却把千万人圈进了毫无尊严的居住环境，但按照新闻目前的结构，这种危害是不予关注的。对于那些微妙腐蚀着公共生活尊严和智慧的商业广告，就算是最关切欺诈问题的勤勉记者，也很难揪出负有刑事责任的任何个人；也没法因为礼仪的倒退，或两性之间日益缺乏尊重，而找到可以抓捕的对象。

如果构思得当，调查性的新闻报道应该怀有包罗万象的兴趣，从各种对群体和个人生活造成影响的元素入手，将心理健康、建筑物、闲暇时光、家庭结构、感情关系、商业管理风格、教育课程和阶级体系纳入调查范围，因为这些领域对生活的影响，并不亚于立法机构里的各种活动。

在新闻的鼓励下，我们可能会把国家的所有问题都归咎于权贵的犯罪，但是，揪出个别害群之马虽然确有作用，另一项任务其实也同样重要，那就是引导注意力投向表面平淡无趣，实则更为严重和隐匿的政治和社会结构中的制度缺陷。

5.

然而，明辨社会痼疾需要相当高超的智力，再加上我们内心存在一种几近唯美的渴望，企图能找到一小撮人，以便将生活中的种种邪恶悉数归咎于他们，因此就可能会造成众所周知的“失态新闻”这种用逃避现实来替代真正调查的新闻方式。

所谓新闻失态是指当权人物因一时疏忽而说漏嘴或做错事，虽然（正如众所皆知）该言行并不代表其成熟的观点，但新闻却揪住不放、死缠烂打，坚持认为失态言行背后必然隐藏着见不得人的真相。

在失态新闻的背后，映射的是新闻记者技穷之下的愤怒：他们知道国家当下问题严重，但却缺乏接近当权者的渠道，或缺乏应对官僚主义的耐心，导致其无法精准地指向问题的症结所在。

失态言行之所以被新闻揪住不放，倒并非因为所有人都真心认为曝光此等言行会带来更好的政策或更廉洁的政府。失态报道不过是给那些已经才思枯竭，又改变无力的新闻从业人员，提供了一个报复的契机。

6.

那么面对恶人，新闻又该如何处理呢？当前的做法是将其中最恶劣的那些移交警方。不过，对于其他绝大多数的恶人，处理方法还是依赖新闻自身的独特利器：羞辱。对于讽刺报道、突袭采访、暗中偷拍和通讯泄密，新闻始终抱有高度热情。有软肋的人物必须先被卷入新闻事件，然后他们就自然会受到众多道德卫士的审判。此处隐含的规则是，通过毁坏名誉和公开谴责的方式，社会有望获得改造。

但是，耻辱果真是人类改造过程中最有用的利器吗？人果然会因为遭到贬损而变得更好吗？恐惧果真能起到教育作用吗？

所有关于坏人坏事的报道，似乎都秘而不宣地绕开一个目标，而这个目标本应支撑所有关于妖孽行径的报道，即：**用新闻促进国**

家繁荣的志向。这些报道只顾围攻猎物，对公共生活的演化毫无兴趣：改善会计规范、婚姻制度、高等院校、移民法规或税务体系根本没有纳入其考虑范围，新闻不过是在邀请我们一同取乐而已。

7.

新闻将自己的目标界定为特定权力的监督者，这种态度太过谦虚也太过小气。这样的定义有害地局限了新闻在社会中的自我概念和担当角色。新闻不只是警察局或税务机关的左膀右臂，还是（或应该是）一个流亡政府，负责调研国民生活的各项议题，并着眼于抛出建设性方案。

揭露错误并予以公开的唯一正当目的，是控制错误的泛滥。面对贪腐、愚蠢和庸碌，新闻不应该仅仅满足于以揭人短处为乐的做法，而是应该探寻如何为未来进行能力建设。不管撂倒大人物本身有多么富有成就感和重要性，新闻调查的出发点，应该是这个约略不同、且未必重叠的目标：尽力改善现状的愿望。

庸　见

三维打印方兴未艾…… ［这种技术］利用基于银碳纳米管制成的独特“墨水”……碳膜因其聚酯成分遇热融化，因此成为适合该项技术的原材料。由于其导电性包括压电电阻，该材料具备高度实用性。¶

《经济学人》

1.

新闻最高贵的许诺，是宣称自己能够消弭无知、克服偏见，并提升个人与国家的智力水平。

2.

然而在某些领域，新闻却不时遭到恰恰相反的诟病，认为新闻让人变得愚蠢。其中最不依不饶提出指控的一人，乃是十九世纪中期的法国作家福楼拜。福楼拜所属的时代，亲历了报纸海量发行的崛起。在他的童年，新闻借助谣言或劣质的单面印刷传单在人群中随意传播，而到了他三十几岁的年纪，随着蒸汽印刷的发明、铁路的修建，以及新闻审查法的放松，共同造就了资本充裕、声音权威的报纸大量面世，这就是目前整个法国总计数百万读者群体的缘起。

在福楼拜看来，这些报纸对其同胞的智力和好奇心所产生的影响甚为惊骇。他相信这些报纸正在将一种新型的愚蠢——他将其命名为“*la bêtise*”——传播到法兰西的每个角落，其白痴程度远较其所取代的简单无知更为糟糕，因为这种愚蠢是以知识为基础，而不只是被动填补认知空白。在福楼拜眼里，新闻污染的后果是如此严重，以至于现在只有全文盲和未受教育的法国人才有机会保持正确思考的能力。“四分之三的法国中产阶级比农民更无知，因为中产阶级永远都在为报纸中读到的事情自寻烦恼，围绕着这份报纸或那份报纸的言论，整日像根风向标似的转个不停。”

在福楼拜的《包法利夫人》一书中，药剂师赫麦这个最讨人嫌的角色，一出场就是个狂热的新闻读者。赫麦每天都专门拨出一小时来研究“*报纸*”（*le Journal*，福楼拜在全书中对该字做了斜体字处理，以揶揄大众对它所抱有的宗教般的敬畏），到了晚上，赫麦就前往一间名叫金狮饭店的客栈，和聚集在那里的当地布尔乔亚们谈论时事。“之后，他们的话题转向‘*报纸*’（*the newspaper*）里的消息。到了这个时候，赫麦对报纸内容已经烂熟于心，完全可以从头到尾侃侃而谈地叙述，包括社评以及许多发生在全法国和全世界的灾难事件。”

3.

福楼拜之所以憎恨报纸，是因为他认定报纸怂恿着读者将思考的任务假手他人，但任何诚信的人都永远不会认同这样的做法。新闻媒体含蓄地表示，读者如今不必对重要事务自行组织复杂而睿智的观点，而是可以将此任务放心地交给新闻从业人员，读者的脑袋可以舍弃自己的见识、探问和沉思，全然委身于《费加罗报》及其他报纸精心炮制的结论。

毫无悬念，一个对陈词滥调和从众心态如此敏感的作家，会对大规模发行背后钳制独立思考的桎梏产生愤怒，会对铲除各种特殊立场及个人见解、推行大一统的文化观点产生愤怒。此间的同质化力量有种危险因素，恐将所有精神生活中富有生产力的独特思想统统捕杀，并将丰富多彩、手工耕作的心灵菜园变成机械化耕作的无趣农场。

4.

19世纪70年代期间，福楼拜开始撰写记录，把他眼里最愚蠢但却受到现代世界推崇，尤其是报纸推崇的思考模式记录下来。在他去世后，以《庸见词典》为名出版。这本陈词滥调集按照主题分类，被作者描述为“关于人类愚蠢的百科全书”（*encyclopédie de la bêtise humaine*）。这里随手摘几条记录：

预算：永远不会平衡 ¶

天主教：对艺术产生了极好的影响 ¶

基督教：解放了奴隶 ¶

十字军：推动威尼斯的贸易 ¶

钻石：不过就是煤炭，要是我们碰见一颗天然状态的钻石，我们都

懒得弯腰捡起！¶

运动：预防所有疾病。推荐榜上永远有这条。¶

摄影：将会淘汰绘画。¶

值得一提的是，《庸见词典》中有许多陈词滥调触及了复杂的学科，如神学、科学、政治，但是开篇后却不甚了了：这些“庸见”结合了罕见奇特或错综复杂的事实与顽固狭隘的思想。福楼拜暗示，在过去，白痴对于钻石的碳结构一无所知。他们的浅薄可谓彻头彻尾、一目了然。可现在有了报纸，一个人在缺乏想象力、缺乏创造力、头脑平庸的同时，也可能拥有许多见闻。现代白痴可以轻而易举地掌握过去只有天才知晓的事务，但即便如此，也改变不了其白痴的本质——而人类在过去的时代从来无需烦恼这种令人沮丧的组合。在福楼拜看来，新闻武装了愚蠢，并让傻瓜变得充满权威。

5.

倘若福楼拜活到今天，眼见新闻机构继续将受众的观点扣进一个个高度标准化的模子，这种情形也不像是会让他稍安勿躁。

三维打印机：未来，所有东西都将是三维打印的。¶

对光辉前景表达惊叹吧。¶

互联网：让人无法集中注意力。读长篇小说实在艰难。¶

工作与生活的平衡：困难程度前所未有。也许不久的将来，和自

己的配偶见面也得预约。¶

碳纤维机翼：具有神奇的弯曲性，但终有一天会导致坠机。¶

汉语：未来的通行语言。¶

6.

新闻里时不时出现的或陈腐平庸或刚愎自用的结论，是如何将我们俘获的呢？

主要的原因在于，新闻采取了各种手段，向我们呈现出高度权威的姿态。首先，对于什么算是新闻，以及新闻依据的标准，我们并不完全领会——因此，新闻简报一向就显得生来如此，或者高度必要。而究竟为什么必要？我们既不得而知，也羞于探问。我们忘记了，在进行“报道”选题时，背后原是高度偶然的人为因素。

关于新闻的制作，也始终遮掩着一层忸怩的面纱。比如，在录下首相说的那句“对于前天的新闻发布会没有其他要补充的”之前，政治记者也许要站在布鲁塞尔欧盟总部大楼入口处的栅栏背后，在雨中苦等三个小时；或者，我们嚼着午餐三明治、随意浏览的马里局势，可能是北非记者不眠不休二十二小时追踪叛乱者的成果；又或者，为了让我们对某女星身着的新款风衣先睹为快，摄影记者也许得在贝弗利山庄的某间咖啡馆门口虚掷漫长的时光。

新闻机构无意让我们知道，甚至根本不想让我们察觉：在科罗拉多或芬兰北部的数据中心，那些延绵半公里、用肮脏的煤炭和天然气做燃料的巨大黑色服务器。在我们面对轻薄闪亮的屏幕时，这些黑暗现实是不该被触及的。

虽然新闻在其标题下流露着不容置疑的客观气息，但俘获我们的这些报道却并非一群天使经过合议、由超自然力量决定的结果，而是一群通常疲惫不堪且肩负重压的编辑，在转角办公室召开的选题会上，匆匆就着咖啡和麦芬，努力拼凑成的貌似合理的报道清单。这些报道的标题并非事件的最终陈述，不过是一群凡人凭着直觉在判定新闻价值。编辑和我们一样带有偏见、错误和软肋，而拣选对象则是每天发生在人类身上、数以亿万计的事件。

头版头条的位置，究竟是给一场非洲的战争，还是某品牌的新鞋发布会；是给一头逃逸的老虎，还是一组通胀数字；是给白富美女生强奸案，还是给流浪黑人断头案；是给矿业公司股价崩盘，还是给某稚童的牙牙学语，其背后所依照的等级法则，隐含了社会中最奇特也最隐秘的偏见。

虽然各家新闻媒体花费大量口舌宣传其原创性与独立精神，对于新闻产生的途径，我们却应该保有某种程度的警觉，因为：在“今天发生了什么”这样的重大问题上，各家媒体几乎总是高度一致。

7.

媒体品牌也会给单篇的新闻报道罩上影响力。我们或许会对饭桌上随意听到的某些观点加以质疑，但如果这项观点出现在某媒体名下，就会立即获得一种近乎魔幻的力量。

一篇为开战辩护的文章，如果是以新哥特字体出现在《纽约时报》，我们对其公正性的质问，就会变得稍许（但却是决定性的）模糊。又或是一篇声援总统预算的评论，如果是以芬威字体见诸《世界报》那晓之以理、动之以情的专栏，我们对其逻辑性的探查，也会变得语焉不详。

品牌本身就阻拦了我们对其内里的怀疑和挑剔。

8.

虽然各家新闻媒体都以各自特色为标榜，但是翻检各个版面，在若干领域最终提出的问题，其实都局限于极度狭窄的范围。

在教育领域，编写关于班级规模、教师酬劳、国际竞赛排名、私立机构与公立机构的职能平衡的报道，似乎是“标准”做法。但要是我们问起课程大纲是否真的合理，是否确实赋予了学生们追求美好生活所至为关键的情感资源和心理资源，我们恐怕就会有些显得突兀，甚至被当成精神错乱。

而说到住房，新闻鼓励我们关注如何督促建筑公司的开发作业，如何让首次购房者轻松购房，以及如何在保护大自然与就业商业之间维持平衡。但是，新闻却好像没时间去思考某些追根溯源、听来古怪的问题，比如：为什么我们的城市如此丑陋？

而讨论经济时，我们的精力则被引向去琢磨税收的恰当水平，以及如何最有效对抗通胀。但是主流媒体却从不鼓励我们去思考比较古怪和出位的问题，比如劳动的目的、正义的本质和市场的正确职能。

新闻报道倾向于将事件按照特定的模子框定，以削弱我们从其他角度进行深层想象的意愿甚至能力。新闻借助其威吓的力量使人神经麻木，尽管没有人在特别追求这样的结果，但许多萌芽中的但却可能更重要的想法，却就此灰飞烟灭。

9.

引起这种现象的部分原因在于金钱。由于新闻机构有营利需求，因此对于不可能快速赢得大量读者欢心的观点，新闻机构没有推进的条件。一名艺术家只要有五十个购买作品的客户，就可以过上体面生活；一名作家有五万名读者，日子也可以过得去，但是一家新闻机构的受众如果少于两千万人，恐怕连支付账单都成问题。

10.

鉴于大千世界的规模和复杂性，任何人都无法单枪匹马探究世界的所有问题。新闻机构最多也只能提供七拼八凑，且时常谬误的地图，而个中真相永远都在千变万化，让人难以捉摸。

因此，我们也应该像福楼拜一样，在遭逢那些意见似乎稍显过于统一的观点时，在头脑中敲一敲警钟。我们应时刻保持怀疑的态度，警惕那些藏匿在最漂亮的字体中、最权威可信的标题下，却也许是最彻头彻尾的愚昧。

III.

国际新闻

Information/Imagination
The east of the Democratic Republic of Congo faces a catastrophic humanitarian crisis, an aid agency has warned ahead of a regional summit in Uganda. The Oxfam charity said millions of people were now at the mercy of militias, with a
sharp increase in killings, rapes and looting. It said the focus on dealing with rebels had diverted the security forces from other vulnerable areas. The UN says the conflict has forced about 250,000 people from their homes.

信息/想象

援助机构在乌干达举行的地区峰会前夕发出警告，刚果民主共和国东部正面临灾难性的人道主义危机。慈善组织乐施会声称，有数百万人目前随时会被征兵，而杀人、强奸和打劫事件也在暴增。据称，由于安保力量正全面致力于对抗叛乱者，使得其余薄弱领域漏洞大开。联合国表示，这场冲突已使约二十五万人流离失所。¶

BBC

1.

新闻机构是理想主义的阵地，这一点可能令人大跌眼镜。在伦敦的 BBC 总部入口处的墙上，写着这样一段拉丁文：

> 这座艺术和缪斯的神殿由首批广播事业的管理者们于 1931 年敬献给万能的主……他们的祈祷如是……让一切有违和平与纯洁的事物得以从这座殿堂消失，让附耳倾听万事万物的人们听到美好、诚实、清白的报道，从而踏上通往智慧与正直的大道。

步上台阶，访客们就能看到，刚才这段文字里的理想主义如何被转化成实际行动。各个编辑部各司其职，收集来自全世界最动荡和不幸地带的事件。非洲部的员工占据了整整一层楼，单单索马里就有八人负责报道；刚果民主共和国配置了三人团队，他们所在的沙发区得天独厚，可以坐拥波特兰广场景观寻求灵感。

理想主义的新闻路线运作如下：邪恶、消极和种族主义主要源于无知。通过帮助人们知晓在世界其他地区的真实情况，偏见、恐惧、欺骗和攻击事件的发生概率将会降低。新闻可以让世界变得更好。

2.

不过，这种逻辑存在一个问题，如果检索 BBC 新闻网站的日常流量数字，就会发现：

剑桥女公爵拟七月产子　582 万人次 ¶

英国全境预计将普降暴雪　434 万人次 ¶

鲍伊复出，其单曲打入前十畅销榜单　252 万人次 ¶

尼日利亚科吉州教堂袭击造成十九人丧生　9 920 人次 ¶

东刚果民主共和国面临灾难性人道主义危机　4 450 人次 ¶

南非：夸祖鲁-纳塔尔省部落枪击造成五人死亡　2 540 人次 ¶

刚果民主共和国冲突：卡加梅与卡比拉未能达成一致　1 890 人次 ¶

从某种角度而言，伟大的启蒙目标已经实现：对地球上任一国家发生的事件，普通公民现在都可以获取几近同步的信息。但是我们也被迫得知更令人吃惊的结果：**没有人对这些新闻特别感兴趣**。

3.

对此，新闻机构的标准反应是归咎于公众的浅薄，因大众对流行歌曲的关注，超过（且远远超过）部落枪击的关注；对某个英国皇室成员诞生的关注，超过中部非洲遭受佝偻和疟疾病的十万儿童的关注。

但是，假如这种令人惊诧的冷漠程度，原来并不完全是由于受众的过错呢？假如观众和读者对于国外事件兴趣淡薄的真正原因，并不是因为我们特别肤浅或鄙俗，甚至不是因为事件本身空洞乏味，而只是因为**新闻呈现的方式不够引人入胜**呢？我们之所以对世界失去兴致，会不会是因为新闻机构对于向读者**描述**世界的方式，做出了错误的假定？

4.

假定之一是，每个记者所应具备的最重要的专业技巧，乃是准确收集信息的能力。由于新闻机构认定，本质上他们是在与其受众的无知作斗争，因此在新闻学院的教学重点中，搜集精确信息占据着瞩目的位置。每个入行的新手都被教导去寻找和记取报道主角的原话，为所有论点配上事实和数字的支撑，远离华而不实的文风，并且在报道中努力消除一切个人偏见和文化偏见。

这些新闻策略听起来都颇为合理，但问题是，真正折磨受众的那些原因，与新闻机构自我诊断的稍有不同：实际上，问题不是**无知**，而是**漠然**。在当今时代，关于世界各国的精准信息已经不难获取，真正的问题在于如何让大众对此产生兴趣。一方面，新闻需要告诉公众：游击队的攻击或洪水的泛滥导致多少人丧命，贪腐的总统导致多少人倾家荡产——此间的难点在于技术与管理，要求记者具备耐心、勇气和吃苦精神；而另一方面，说服读者或观众对这些事件**发生兴趣**（新闻不太考虑这些），却涉及其他的技巧，而且这些技巧往往是新闻机构的国际部所忽视的。

从最实用的角度来看，我们也许可以这样定义艺术：这是一门致力于将概念灌输到人脑的学科。文学与新闻的天壤之别在于，最出色的作者永远不会认为，仅靠故事的骨架就能赢得读者的芳心。他们不相信一次进攻、一场洪水或一起盗窃就必然带有某种内在的吸引力，使得读者泪流满面或怒发冲冠。这些作者知道，不管事件本身多么耸人听闻，都没法打包票能引来读者的关注。为吸引眼球，他们必须更花心思，发挥其独特才能，在语言上用心、在细节处点化、在节奏和结构上时时驾驭。在某些情形下，有创造性的作家可能还会牺牲严格的精确——改编事实，删减细节，压缩引述，或是变更日期——这样做并不会让他们产生犯罪的错觉（当新闻机构抓住自己人做这种事时，常规的推定就是如此），以达到比精确更高的目标。他们明白，为了把重要的观点和印象传达给既不耐心又不专心的读者，篡改情节的事也需要偶尔为之。

5.

引导国际新闻报道的假定之二是，一起事件越是恐怖悲惨惊悚，就越应该被视为“重要”，因而在报道的位列中也更应靠前。记者和编辑都倾向于认为，任何事件的重要性都是由其离奇性和反常性所决定的，这基本上也就是等同于其表现出来的可怕、血腥和残忍程度。于是乎，一起炸死三十人的爆炸，就比小渔村的平静生活来得有新闻价值；某种三小时内导致患者肺部衰竭的热带疫病，就比农民的喜悦丰收更引人关注；部队使用酷刑的曝光，就比在俯瞰约旦河的田园里享用塔博勒色拉和葡萄藤叶酿饭的午餐聚会来得重要。

这种理念的问题在于，除非我们知道某地区的日常状态是何等模样，否则，对反常状态进行估摸或表示关切就不那么容易。只有当我们适度了解一方水土的日常生态，以及一方人的日常活动、习俗惯例和朴素愿望，才能对悲伤和暴力的突发事件表现出真诚的关切。

不过，就海外大部分国家发生的事件而言，即便新闻媒体的技术能力再怎么日新月异，即便有案头、通讯、摄影、剪辑等各路人才，对于那里的寻常生活，我们仍然知之甚少。我们不知道刚果民主共和国的人民是否有过一日安宁，因为从来没有一家西方媒体记录过这样的信息。我们不了解在玻利维亚上学或理发是怎样的情形，至于美满婚姻这样的事在索马里到底有无可能，我们也是一头雾水。说起土库曼斯坦的办公室生活和阿尔及利亚人的周末生活，我们对两者的无知程度不相上下。新闻只向我们空投所谓的“重要”事件——地震、黑帮抢劫、吸毒杀手不分皂白捣毁整个乡村——并且认为这些事件必然能使得我们震惊，从而引发我们的兴趣。

但实际上，除非首先能接触到让自己感同身受的各种行为和态度，从而在这些国家中辨识到那些全人类共有的普世元素，否则，再悲戚的事件也得不到我们多少关注。把目光聚焦在这些细节上丝毫不会削弱“严肃”新闻的力量，反倒能提供一块垫脚石，让我们对骇人听闻的及干扰正常生活的事件产生真诚的兴趣。

对这种观点持反对态度的人也许会指出，对于国内的常态生活，我们并不需要先有所了解，才能去关心这里发生的异常事件。我们的关心与生俱来、发自本能。但是，推进这种论调即意味着忘却另一种事实：我们每天居住在这个国家，自动就获得了对国内的常态认识。不管是坐火车还是参加会议，不管是上街购物还是送孩子上学，不管是打情骂俏还是嬉笑怒骂，我们都清楚各中情形，于是乎，当我们听说有人在泰恩河畔的纽卡斯尔被绑架，或者艾吉巴斯顿遭遇炸弹爆炸，我们会立即感到关切。

理想中的未来新闻机构，将会意识到人们对于异常事务的关注取决于对常态的熟知，因此也就会针对地球上最偏远及最纷乱的角落，常规发表能够引起人性共识的报道。如果对亚的斯亚贝巴的街头派对、秘鲁人的浪漫爱情和蒙古人的姻亲关系有所了解，发生在那里的下一场毁灭性台风或暴力政变，就能引来受众多一点的兴趣。

6.

谈到国际新闻报道的终极目的，还有另一种假定。如同目前的现状所示，国际报道遵从着一个不成文的规则，即以国家的外交及经济关系为优先。因此新闻时事几乎只报道军事、商业或人道主义问题。国际新闻想要告诉我们：该与谁为敌、和谁贸易，或怜悯于谁。

然而，这三个领域对于我们大多数人来说并非头等大事。在更深刻与形而上的层面，国际新闻应该给予我们和异族互通人情的手段，这里的异族指那些远隔万水千山、本能地与我族为敌、让我们感到乏味或恐慌的外人。如果没有帮助，我们根本无法想象与他们有任何共同点。国际新闻应该建立途径，让我们在彼此眼里变得人性化，以克服表面上看似无法逾越的地理、文化、种族和阶级障碍，营造天涯若比邻的氛围。

很多高姿态的新闻机构都曾经猛烈抨击那些厌恶外来移民的人士。然而，潜藏在这种观点背后的假定，却是认为对外国人的反射性怀疑乃是一种撒旦的印记，而并非无知造成的普遍甚或自然的结果。因此，如果能采取更加富有想像力的方式进行报道，而不是简单地谴责偏见（这种做法除了引起内疚别无他用），新闻机构完全有能力弥补这种缺陷。

国际新闻如果想达到自身宣传的目标，就应该愿意采用艺术的若干技巧。正如小说家乔治·艾略特所言，艺术作为一种媒介能够帮助我们“突破个人方圆的局限，放大经验，延伸与同胞的联系”。按照艾略特的言论，其最大的好处是“同理心的延伸”。与过去任何时候相比，眼下我们最需要这样的延伸，部分原因在于，我们得到的太多信息乃是超出自身消化能力的数据或抽象事实（如：东刚果民主共和国面临灾难性的人道主义危机）。艾略特继续指出，要想用笼统的概括和统计数字吸引人，必须先有同理心；当看到伟大的艺术家呈现出来的人生图像，即便是最浅薄和自私的人也会去关注自身以外的话题，这种关注也被称为道德情操的原料。

一言以蔽之，这才是国际新闻应当承担的任务：培养我们“关注自身之外的事务”，因而推动我们与其他人群之间富有想象力的接触、实际的援助，以及相互的理解。

再深挖一层，新闻还有一个相关的心理效用，就是帮助我们重塑对事件的观点。当人们生活在单一社会，往往太容易忽略各自文明的优点，更遑论心怀感激——比如相对健全的法律、社会习俗、教育传统和交通网络。对于极为费力才能获得的成就，我们也看不到其中艰辛。倒不妨与其他国家进行一下比较，也许就可借此评估自己的国家和生活方式，从中看清国内的各种怪象、盲区和优势。异国他乡的报道，可以引导我们对祖国那并不完美的自由和相对的富足产生新的认识与感激，而不是像过去那样一味报以指责和埋怨。

又或者，那些我们司空见惯的问题，也许在别处得到了更好的解决。以往看来无可避免的事情，其实不过是文化选择的问题，并非无法改变。

对于当下各种相对的优点和缺点，新闻应以凸显为己任，不要让它们因为太过寻常而滑脱人们的视线。

7.

怀疑论者会反驳说，这样做太过天真，坚称除非情况特殊，无法寄望大众对海外事务产生兴趣。这种理论认为，国际报道总是让人感到乏味，因为打心眼里我们只关心“自己”，这种范畴有清晰的边界，严格地局限于我们的家庭、我们的朋友、自身的安全、自己的饭碗，以及头顶上方的天气。所以，如果我们打开电视，偶然看见一则关于意大利政府最新动态的报道（在罗马玛德玛宫的意大利共和国参议院，预算流程再次遭遇搅局，过去的结盟势力在瓦解，更为变通的新联盟开始出现），我们一准儿会哈欠连天地切换频道。

但是，事实不会仅仅如此，我们幼稚的好奇心实际上比这种观点所认为的更为强烈。对于异国曾经生活过、辉煌过并已经作古的人物，我们颇能因其个人命运而感到震撼乃至泪流满面，不仅是对与我们同时代的人物，即便是对那些生活在几百年或几千年前的人物都有可能如此，尽管他们的姓名和职业在我们眼中都显得古怪不

政治新闻：意大利共和国内的重要事件，却乏味得令人难堪

《凯撒大帝》：罗马共和国内的重要事件，具有一股引人入胜的奇特魅力

已，他们的行为对于我们的人生而言，也没有半点直接的因果关系。但我们却可以在幽暗的剧院里坐上两个多小时看戏，几乎完全不需要幕间休息。随着剧情发展，我们紧跟古罗马长官布鲁特斯的脚步，从朋友卡西乌斯那里听闻令人担忧的消息，从而知晓元老院里正在酝酿的阴谋。

我们确是能对莎士比亚的《凯撒大帝》的剧情发生兴趣。为什么我们愿意花费宝贵的脑力去研究与我们的生活相距十万八千里的事情呢？答案是，尽管表面上这出戏是两千年前发生在意大利半岛的政治诡计，事实上，剧中折射的也正是当今的现实。

一个故事如果讲得精彩，其实会有两种层面的效果。在表层，故事表述的是在特定时代、特定地点，关于某种地方文化和某个社会团体的一系列事实细节——这些琐碎情节一旦超出我们的个体经验，就会让人感到乏味。但是，在琐碎情节之下，掩盖的是普世真理：其中的心理、社会和政治主题，超越了故事本身的时间与地理背景，而构筑于恒久的人类共性之上。

从具体情节来看，莎士比亚的历史剧以古罗马为主题，用戏剧化的方式描述凯撒大帝打败庞培凯旋归来后，盖乌斯在马库斯的协助下企图阴谋加害于他的晦涩事件。但从普世角度而言，凯撒所面对的冲突也是人类永恒的主题：如何报答朋友，如何报效祖国，如何应对谣言和阴谋，如何试图分辨忧惧和恐慌。这出戏所审视的主题是：就算是良好的意图，也可能引发灾难性的后果；就算是正面人物，也难免犯错和盲目。

我们固然不能期望普通新闻报道的撰写水平能达到莎士比亚的高度，但我们或许可以坚持要求新闻报道稍微学习下莎士比亚，对事件中的普世性因素给予关注——特别是那些容易显得乏味的国际新闻。如果选择正确的呈现方式，报道很可以帮助读者跨越文化和情境鸿沟，以知识转化为目的，将人类同胞的种种经历视为思想源泉，从中不断汲取灵感、警示、引导和洞见。

8.

事实上，对于远方的报道我们也并非完全漠然。在过去的时代，人类这种生物也曾经竖起耳朵聆听他乡的传闻。问题是，现代新媒体所发展出来的报道方式——重视真实精确、技术迅捷、客观中立、聚焦危机而几乎排除其他种类报道——却造成了一种全球化的狭隘，从而让我们纵览天下而又不甚了了；导致这种不当的知识不但没有拓展我们的好奇心，反倒还使其变得更为狭隘。

不过，我们对别处的好奇心与同理心只是处于休眠状态而已，并未真正消失。国际新闻若想重拾雄风，只需采用某些艺术加工手法即可。

细　节

乌干达政府审计人员报告，有数百万美元资金从姆巴巴齐总理办公室流向其私人账户。姆巴巴齐承认办公室出现失窃，但否认自己与此事有关。乌干达总统顾问约翰·纳根达称，政府有决心将涉嫌贪污的人绳之以法。他说，全体乌干达人民都对腐败“深恶痛绝”。姆巴巴齐先生否认自己涉嫌贪污，但承认其办公室出现了“巨额盗窃”。¶

BBC

1.

某次造访 BBC 乌干达编辑部时，我一边分食着尼日利亚编辑部同事带回请客的香蕉蛋糕，一边以尽可能委婉的语气暗示：对于该办公区的同仁勤勉收集得来，并努力向冷漠世人所传播的新闻，我似乎产生不了多大兴趣。当天有一则新闻，是关于乌干达总理办公室失窃一千两百万美元援助款这起无耻事件。

2.

就乌干达政治新闻而言，这件事显然举足轻重，但在 BBC 的网站上，这篇报道却不得不与众多其他新闻争夺读者的关注目光：首先是某已婚足球运动员被拍到与英国最著名的电视大厨的太太亲密拥抱；其次是在蒙特卡罗海岸边，某法国女星在美籍互联网亿万富翁的游艇上因“令人费解”的原因受伤。可以想见，乌干达的报道自然势单力薄，很难胜出。

虽然我个人和我所在的社会都对乌干达缺少兴趣，负责乌干达的BBC员工却都表现出了极大的宽容。团队里有个乌干达年轻人，少年时曾在该国东部的难民营待过几年，后来还是他向我建议，最好的方式可能还是让我亲自去那里走一趟，兴许那样的方式可以点燃我迄今为止尚未产生的兴趣。

3.

于是我采纳了他的建议，去了一趟乌干达。说实话我并不愿意去那里，确切地说，正是因为我不愿意去，却又想弄明白我为什么不想，才成就了这趟旅行，目的就是为了搞清楚：对于国内大多数的受众来说，为什么国际新闻横竖进入不了他们的法眼？就这种疲倦和漠然的态度而言，新闻是否也在责难逃？

第一件让我吃惊的事情是，去乌干达的旅程果然千里迢迢。这种多少算是明显的事实，如今却被现代科技施了障眼法。在人类历史的大部分阶段，海外旅行和通讯面临着可怕的障碍，因此，各个国家之间的地理距离——乃至牵连到心理和文化距离——总是在被不断地、无意识地强调。今天，只消一敲键盘，我们就能不费一文地、以光速穿越海底网络缆线——“东南亚-中东-西欧四号光缆”，从马赛到达吉布提，继而经由东非海底光缆，从蒙巴萨到达坎帕拉，结果却发现自己对那个地方感到烦闷乏味又毫无耐心。这让过去曾经被坚守的某种节操，变得越来越难以把持。因为在过去，跨越海洋，甚或发送一则简单消息都既费时又费钱，堪称不寻常的大事。那时候的人们都深知一个道理：我们的视角都狭窄如同井底之蛙，而人类经历的复杂和有趣程度远远超过我们的想象。因此，对这个星球和星球上的诸多国度予以关注乃是一项基本礼仪，惟其如此，才能让我们在面对大千世界时保持开放、好奇和谦卑。

曾几何时，前往乌干达的唯一途径是：先在海面上航行两个月，经过危机四伏的好望角，至达累斯萨拉姆上岸，然后在陆地丛林和沙漠上跋涉数月，其间可能经历众多无法生还的变数。在当时的情形下，心中自然而然能保有这种节操。1859 年，约翰·汉宁·斯皮克成为首位进入乌干达并成功返回英国的欧洲人，并将伊尼安夏湖改名为维多利亚湖。回国后，他在肯辛顿的皇家地理学会举办游历讲座，受到八百多名狂热听众的追捧。斯皮克告诉大家，在坦桑尼亚的马尼亚拉湖边，他遭到当地猎人的猛烈攻击，结果被一支标枪刺穿了双颊。几天后，一只甲壳虫爬进了他的耳朵，开始噬咬他的耳膜，最后不得不动用刀子才将之刮出。最终他爬上了茂密的热带山丘顶峰，到达今天的坎帕拉市所在地，这段经历也被形象地记录下来，出现在 1863 年出版的畅销游记《尼罗河源头的发现》中：

> 我们穿过了低矮的山坡，展现在视平线里的，是一片富饶而葱郁的风景：干净整洁、井井有条，甚为美丽富饶。我瞬间惊呆了。孟加拉或桑给巴尔的任何地方都比不上此地。我们的队伍齐声赞叹：天啊！这里的人多么神呐！……我不禁想要停下来住个

> 把月，在这万物欢欣的地方……整片土地就像一幅精美的画卷，背景是无边无际的［维多利亚湖］……晚上，我把山羊拴在两位熟睡的队友中间的原木上，一匹土狼进入了我的茅屋，羊被叼走了一只……

当年阅读这种文字的读者，假如同时面对一则十九世纪版本的足球运动员绯闻，是不太会因此分心的。

就算在今天，去乌干达的旅程仍然漫长遥远。从伦敦到恩德培，波音767客机需飞行八小时，跨越四千英里，足以提醒我们地球之浩淼程度。飞行六小时之后，客机开始进入乍得上空，下面是毗邻大乌尼昂加的赭色茫茫沙漠。此时欧洲已经远离。又过了一个小时，客机进入北苏丹的领空，于漫长的乏味中，我再次翻开了机上杂志。在客机航程图上，出现了一个个读起来充满奇思妙想和诗情画意的地名：库西山、安杰瑞斯、乌姆布鲁、穆海吉瑞亚，全都是无从想象的陌生地点，如果飞机在此刻出现故障而迫降，那里的居民所拥有的认知及生活方式将会令我大开眼界。待到此时，机舱开始分发昨天深夜在豪恩斯洛配餐的食盒（可选奶酪三明治或鸡蛋水芹三明治），就餐的几分钟里，客机飞行在霍戈利和坦布拉之间。如果步行穿越这两个城镇，大概要花上五天。最后，在刚果民主共和国上空，安全带的指示灯亮起，机长向乘客致谢，并就入境和当地的疟疾疫情发出提醒，接着客机在霍伊马和卢韦罗上空开始下降，并最终在恩德培着陆。目力所及，是沉陷在一片漆黑之中的维多利亚湖，湖面点缀着数百艘小渔船的闪烁灯火。

今天，我们对于“异国”这个字眼已经非常谨慎了。用这样的语气赞美外国，其中包含的褊狭和优越感可能会惹来危险，弄不好还会被指种族主义。国际新闻刻意与游记及各种异国情调的文字划清界限，为了避免对其他文化的过度赞美或批评诋毁，作为妥协，选定了永远中立的语气，从不对其报道的任何犄角旮旯的任何行为方式流露出惊讶。国际新闻似乎从不对自己身处的报道地点感到惊奇，尽管在报道发来的地区，婚礼习俗是新郎在结婚当天送只山羊给新娘，晚饭食谱是芭蕉叶包肉配芝麻酱，午间树荫下的温度可达三十摄氏度。国际新闻泰然接受这一切，从不评头论足，并认为当出现总理涉嫌舞弊这样的事件时，上述细节都可以忽略。

然而，一旦降落在乌干达，我不禁还是感受到了来自异域的震撼：房屋立面上色彩绚烂的手绘广告，宣传的是毕德可公司的黄金煎炸高级植物油的广告；当地遇到的新面孔，名字都起的别致（佩逊思，伊格内修斯，肯尼思）；空气中弥漫着烤肉和篝火的烟雾；秃鹳、织布鸟和蕉鹃在浅蓝色的晨光里盘旋，复而停落在电线杆的顶端；道路中央的环岛内种着无花果树；每当出现误点（这种情况是家常便饭），视线里总是可见这句古老的乌干达格言“*Mpola mpola, otuuka waala*”（大意相当于“欲速则不达”）。

新闻记者总是努力选择最远离本人色彩的语气报道新闻。
约翰·汉宁·斯皮克（1827－1864）

4.

当阅读旅游文学时，我们借助叙事者的引导进入异国他乡。他们对异域产生的那些设想、怀有的那些恐惧，可能会让我们感同身受。他们和我们一样，也会思念故乡，也会害怕热病和昆虫，也会承认脆弱、激动、绝望等各种情绪。他们平日里虽带有记者般的泰然自若，但如果在通往坎帕拉的干道上看到这样的巨幅标牌，上书“齐心协力，消灭马尔堡病”（流行于乌干达大部分地区的高度传染性出血热，百分之八十的被感染者在染病两天内死亡）这种欠缺说服力的口号，不免也会有所畏惧。

时至今日，任何形式的个人化叙事都被视为对客观性报道的侵犯。于是，国际新闻在报道时避免采用任何带有个性色彩的语态。但是，假如有通讯记者坦率流露出自己对事件的反应，由此导致受众对他国印象产生了扭曲，就算这样的做法确会给受众带来危害，那么，这种伤害相较之下也是微不足道的——毕竟，表面上看似客观且正确无误的报道方式，其实隐含了一种即便面对陌生事物也没有丝毫兴趣的态度，这种态度不免引发一种令人窒息的乏味感受，从而彻底扑灭了我们探索世界的各种渴望。

5.

新闻忙于将所谓的“重点时事”介绍给受众，却忘了：若要大众对某个国家产生关切，前提在于事先是否接触过涉及当地的视觉或感官元素，因为激发我们对某民族或地区产生兴趣的，正是这些元素。如果要对乌干达新闻产生真诚的关切，我们首先需要知道，地处热带的这个国度阵雨频频，芒果树在雨后飘散出甜美的香味，弥漫于坎帕拉拥挤的街道上。我们得见识一下坎帕拉的办公室是何等光景，看看当地的学校如何运作，了解当地人的风俗礼仪，浏览一下当地的《新景报》，看看最新的案情报道：

前医学联合会主席阿波罗·尼扬加西医生因涉嫌与其妻克里斯汀产生财产纠纷并杀害妻子，被判终身监禁。高等法院在周三发出判决，法官珍妮·基贡杜指称，尼扬加西的行为有悖文明。2010 年 7 月 24 日，尼扬加西在位于瓦基索区克雷卡基拉的自己家中犯下上述罪行。夫妇俩结婚十七年，育有两名子女。鉴于杀妻手段残忍，检察官提请法院就尼扬加西的罪行处以死刑。¶

这则报道的语气即在提醒我们，此地乃是千里之外的异国。对于男子杀妻，法官仅仅认为是“有悖文明”，检察官提请动用极刑替代更为温和的方式，并不是因为这是谋杀应得的惩罚，而是因为阿波罗杀害克里斯汀“手段残忍”。“涉嫌财产纠纷”听起来也有种令人费解的淡漠（试想：我们发生了纠纷，所以我一锤子把她砸死了……）。这则报道无意中呈现了一个非同寻常的世界，在那里，暴力似乎是解决问题的一种行为选择，是应对挫折和阻碍的一种条件反射。由于故意伤害罪的威胁在此地如此频繁和汹涌，当地媒体

斯图尔特·富兰克林，《乌干达总理》，2012 年

斯图尔特·富兰克林，《坎帕拉塞丽娜酒店大堂》，2012 年

便不像法制健全国度的同行那么大惊小怪，而是只得选择最拘谨的委婉语气进行报道。

6.

在乌干达，我陪同 BBC 的通讯记者一起参加了某个新闻发布会。发布会的主角是该国总理，几周来他因为失窃案被外国政府和国内人民指控，其景况可谓腹背受敌、四面楚歌。在这种场合，新闻机器的第一要务是：引述当事人五十字左右的发言，再补上反对派发言人的五十字回应。

就算是这种新闻八股，也能给想要了解乌干达的旁观者提供一个独辟蹊径的学习机会——例如，研究下这张位置醒目的大幅配图：乌干达总理与利比亚前领导人卡扎菲上校在 2010 年于坎帕拉召开的非洲联盟聚会上的拥抱（也是卡扎菲生前出席的最后一次类似活动）；或者观察下会议桌周围，那 70 年代风格的巨大黑色真皮转椅——类似三级片导演给剧中大亨安排的那种座椅，正是总理和幕僚们的宝座。

虽然发布会的主角毫无商量地拒绝给出任何符合现代新闻工作规范的答案，这种态度本身也透露了关于乌干达的些许讯息。当记者问他是否考虑因为指控引咎辞职时，他缓缓露出了受伤的微笑，然后用拐弯抹角的戏剧化方式给了一个怪异的回答，说“怪异”是因为这个回答既采用了美国南方浸礼会牧师风格的英文措辞，又结合了刽子手（他的确在安全部门执掌多年）般的阴郁语气。“我的朋友啊，”他这样说，“亲爱的朋友们，今天在这里的各位都是我的朋友，我们乌干达人民总是向世界伸出友谊之手。所以对于今天聚集在这里的各位，我告诉大家，我们已经受够了怀疑与指责，承受了太多悲伤。可以确信的是，我们为乌干达人建设的未来，将不再会有灾难降临。我们要许给所有乌干达人一个未来，包括赤贫一族也包括有产一族。用今天，用明天，用上帝赐予我们的每一天，去建设这样的未来。”显然，这样的声明没法直接塞进下一段新闻简报里。

如果新闻报道有其既定规范，那么用来搭配文字的照片也是如此。新闻摄影的常规要求是：对于会议桌上的脸部特写、主席台前的人物肖像、官员步下飞机舷梯的照片，都不能拍得太出位，更不能追求所谓的“艺术色彩”。但是，陪同本人访问坎帕拉的摄影师打破了规则，于是我们得到了额外斩获，比如抓拍到总理听闻尖锐提问后、眼中一闪而过的惶恐，还有旁边的总理女特助奉命在我们对**总理**录音时，反过来对**我们**录音的举动——也许在隐隐提醒我们，国际特赦组织所披露的刑讯逼供室就在我们此刻置身的大楼地下，而钥匙就掌控在他的手里。

优秀的新闻图片能将冗长的主题浓缩成几幅影像。比如要描述

斯图尔特·富兰克林，《独立日庆典中的铜管乐器》，乌干达，2012 年

举国上下的腐败，只需拍下数名男子在奢华酒店大堂无所事事地等待，或特写乌干达独立五十周年庆祝（虽说这个词用在这里也许有点勉强）游行时某音乐家手中残旧的大号，以表现这个国家的赤贫境地。

7.

美国诗人威廉·卡洛斯·威廉姆斯在其诗歌《日光兰，那浅绿色的花》（*Asphodel, That Greeny Flower*）中，有这样著名的句子：

想从诗歌里得到新闻
这可真难
但每天都有人悲惨死去
只因缺少
诗歌里能找到的东西

当然，关于"死去"的说法显然是一种夸张。威廉姆斯担心的是，如果长期不接触诗，我们也许会失去活力，停止对内心的探索，忽略同理心的力量，或者变得缺乏想象、脆弱和沉闷。对于威廉姆斯和他的文学前辈乔治·艾略特来说，文学是再度唤醒我们走向世界的媒介。新闻也许看似严肃认真，引得有识之士很自然地设想：新闻较诗歌更能吸引大众的注意力——但是艺术家却看出：新闻也带有令人麻木的危险影响。

布吕格尔的弟子，《坠海的伊卡鲁斯》，1565 年

但是，“诗歌为生，新闻为死”这个公式并不是恒久的定律。“新闻”这个类别本身并没有错，因为就本质而言，这个词语代表的仅仅是这个世界在某个给定时刻发生的任何事情。问题并不在于新闻本身，而在其所大量采用的抑制“生命”的阐述方式。如果新闻编辑室里坐着托尔斯泰、福楼拜和索福克勒斯，也许媒体就能多提供一些东西，以使我们的灵魂免于“死去”。说到底，《战争与和平》、《包法利夫人》和《安提戈涅》的故事原型，不正是威廉姆斯给予不公平攻击的对象——新闻事件吗？

8.

在距离《日光兰》出版大约十六年前，诗人奥登在他的诗歌《美术馆》（*Musée des Beaux Arts*）里，将读者带到了布鲁塞尔，来到《坠海的伊卡鲁斯》这幅画作面前。长久以来，这幅油画被世人认为是布吕格尔的作品，但现在发现其实是其弟子所作。

该油画展示的是一幅表面上充满田园风光的景象：航船拉起了风帆，牧羊人在照看着羊群，远方的城市看起来繁荣有序。但是在画布的右下方，一场悲剧正在悄无声息地酝酿（当时如果有新闻媒体的话，头条应该是别的事件）：鲁莽的伊卡鲁斯，因为自制的蜡翅膀被太阳烤得融化了，刚刚坠入海水走向死亡。画面正中央有个专心耕地的农民，影射的是一句流行谚语：“人照死，地照耕”（*No plough stops for the dying man*）。

没有多少人注意到伊卡鲁斯，但是当时作画的画家和后来作诗的诗人看到了。奥登想要告诉大家，这就是艺术家的本分：对于那些琐碎和隐蔽的东西，他们较耕地的农民、牧羊人、你和我，还有匆忙的记者——更具慧眼。而要改变习以为常的冷漠和麻木，依靠的正是这些东西。

9.

我们需要的国际新闻，应更执着于细节、能开放汲取某些艺术经验，从而点燃我们对事件的兴趣，还能允许诗人、游记作家和小说家向记者传授其技能——甚至偶尔能为这些人在新闻采编室的某个僻静角落设个办公桌——如此这般，当面对这个星球上那些稍欠惨烈的悲剧时，我们才不至于哼着口哨轻快地走开。

《坠海的伊卡鲁斯》局部细节

摄　影

通用的奥巴马总统照片（摘自 Getty 图片库）

1.

在现代新闻编辑室里，要论受压迫或吃亏，没有人能比得上图片编辑。担任这个岗位的男男女女负责将新闻素材的视觉部分进行剪裁，他们嘴里几乎总是在重复着同样的抱怨（当然是在老板背后）："现如今已经没人相信照片了。"

这句话并不是说当前新闻已经不用照片解释事件了，事实并非如此。眼下受众消费的新闻报道里，嵌入的图片数量史无前例。问题在于，图片的制作和展示背后都缺少抱负。我们仍然在使用图片，但却似乎淡忘了拍摄、挑选和付费购买最佳图片的原因。大多数跻身版面的图片都经过压缩，既重复乏味，又一成不变，再加上位置靠边，于是毫无悬念地被当做了一团团色块，仅仅用来分割单色的文字版面。

从实用角度，我们不妨把新闻图片分为两大类。第一类是用于佐证的影像，其作用不外乎证实我们在相关报道里业已知悉的人物或事件。于是，如果报道里提到总统发表了演讲，那么旁边的图片

无名氏，《亨利四世肖像》，17 世纪

让-奥古斯特-多米尼克·安格尔，《亨利四世接见西班牙大使》，1817 年

就会对此加以佐证。其理念是：事件真相已经用语言予以描述，图片只是被当作另一层面的证据。

此外，还有一种较为罕见的影像，即启示性图片，其目的不仅支撑文字表述的内容，还旨在将我们的认知水平推向新的高度。挑战成规是这类图片的抱负。

如果说图片编辑有挫败感，那是因为他们每天都在面对这样的现实：新闻产业所要求、所购买的那些照片，几乎总是归于第一类，也就是比较廉价和无用的类别。

2.

将图片分为佐证和启示两大类的二分法也可用于艺术，尤其是肖像画和历史画。例如，我们可以对比下法国国王亨利四世这两幅完全不同的肖像。第一幅肖像的作者是某位十七世纪无名氏画家。画中的君王看起来仁慈，呆板，迟钝。我们可以相信这是一幅逼真的画像，但是无法透过肖像提升对国王本性的了解。将这幅画与十九世纪早期画家安格尔的作品进行比较：后者的画面中，亨利趴在地板上和孩子玩耍，假装自己是匹马或是头驴。在画布的左侧，西班牙大使前来参见，但是国王要求他多等片刻，等他结束与孩子的游戏。安格尔的油画不仅证实了亨利的存在，以及他蓄胡子的事实，还启发我们去思考这位政治家的灵魂。

3.

每一幅优秀的新闻图片，都应该填充我们之前对于真相残缺而褊狭的认知。

斯特凡妮·辛克莱，《塔汉尼与加德达，也门》，2011 年

举例而言，我曾经以为我了解童婚，但是直到我看见辛克莱的一幅摄影，才明白原来婚姻里的年轻新娘其实并非儿童。一场婚姻

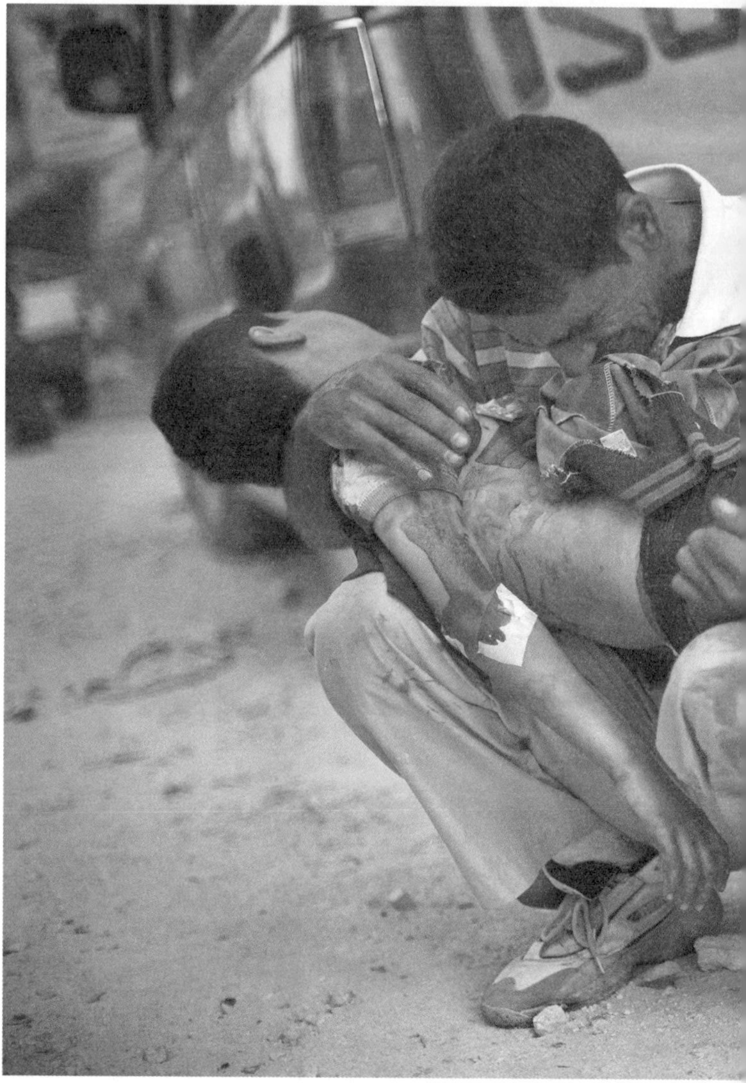

迅速将她们变成了身材稚嫩的成年妇人，脸上的神情也瞬间流露出恭顺、严肃和背叛的悲伤。而她们身后的丈夫也并非是我曾经想象的粗鲁成年人。他们面相厚道无辜，脸上带着困惑，仿佛自己也还

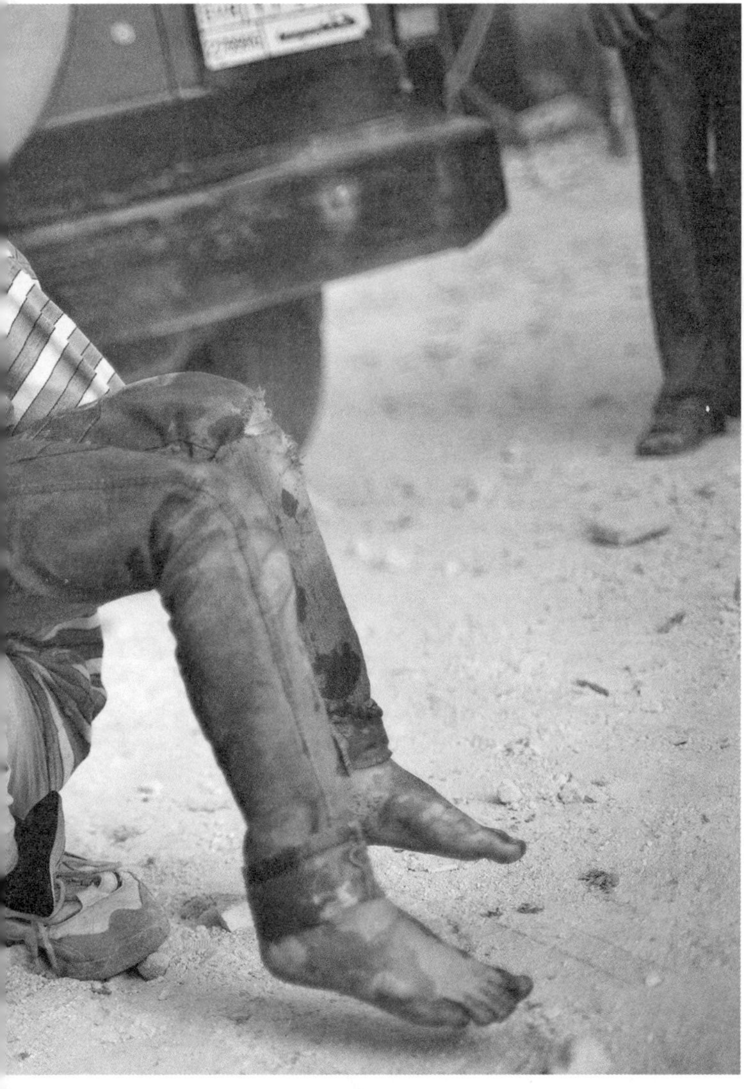

马努·布拉博，《叙利亚阿勒颇达尔希法阿医院附近，一名叙利亚父亲抱着惨遭军队杀害的儿子尸体哭泣》，2012 年

是孩子。实在难以想象，这些心酸、荒唐、倒霉的夫妻能给彼此带来什么慰藉。

我曾经以为自己知道，战争总归不是什么好事，爆炸的榴弹有时会杀害无辜，但是我没有意识到，自己在内心是有多么支持用外交手段解决问题。如果牺牲某些重要的战略利益可以避免战争，从而让图片中的父亲不至于怀抱着淌血的儿子痛哭哀嚎，自己根本不会有一分钟的犹豫。

斯图尔特·富兰克林，《金沙萨的街头》，2004 年

我曾经以为我了解世界，但现在我才发觉，尽管看过无数图片、读过许多出版物，我对地球上的大多数国家仍然没有丝毫印象。我缺乏关于智利和秘鲁的视觉印象，不知道布隆迪或尼日尔是什么模样，无法想象布基纳法索或所罗门群岛的面貌——因此，我不禁对这帧照片深深着迷，因为它至少可以告诉我，金沙萨的商店里卖

日常用品，那里通行的语言是法语（图片中“*Vente des Appareils Electroménager*”为法语，意为“本店售卖家电”），而且当地的年轻人不论遭遇什么样的困难，也仍然没忘记欢笑和玩乐。

特·索萨，贝拉克·奥巴马总统在总统办公室外间接待一名白宫职员的儿子，假装被蜘蛛侠的网抓住了，2012 年

我也曾经以为了解奥巴马总统，因为我见过许多他站在象征总统地位的老鹰徽记前发表演说的照片。我知道为了获得选票他能干

出造假的事，但是我没有意识到他也有美好的一面，也会要把戏逗孩子开心。因此我盯着这张白宫摄影师皮特·索萨拍摄的照片看了很久，心里想着画面中的奥巴马就像四百年前的亨利四世一样，当他屈尊陪孩子玩耍时，也许正是最动人的瞬间。

4.

作为新闻报道的读者，我们见过了太多糟糕的摄影图片，以至于我们都想不起偶尔停留目光，对少数优秀的作品予以注视。在阅读文章的间歇，如果把目光转向随附的图片，花上半分钟时间，带着领略独到之处的期望，像欣赏博物馆里的油画那样打量片刻，简直会让人觉得怪异。我们已经完全忘记了摄影的潜力——它本是一介信息载体，也肩负着重要职责：在我们一再自负而莽撞地认定自己早已熟知世界的状况下，图片能够引领我们以适当的角度重新认识这个世界。

IV.

经济新闻

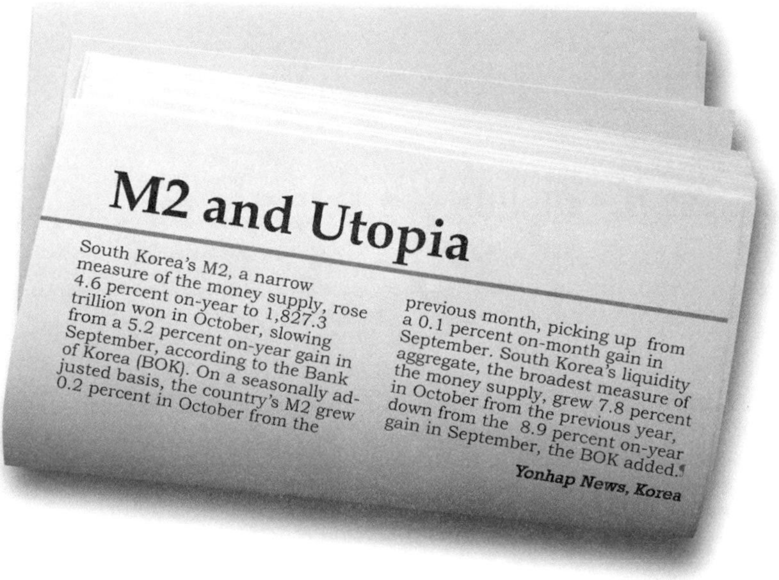

M2 and Utopia

South Korea's M2, a narrow measure of the money supply, rose 4.6 percent on-year to 1,827.3 trillion won in October, slowing from a 5.2 percent on-year gain in September, according to the Bank of Korea (BOK). On a seasonally adjusted basis, the country's M2 grew 0.2 percent in October from the previous month, picking up from a 0.1 percent on-month gain in September. South Korea's liquidity aggregate, the broadest measure of the money supply, grew 7.8 percent in October from the previous year, down from the 8.9 percent on-year gain in September, the BOK added.

Yonhap News, Korea

广义货币供应与乌托邦

据韩国央行称，今年十月，韩国的广义货币供应指标M2同比增长4.6%，达到1 827.3万亿韩元，较九月的同比增幅5.2%有所放缓。基于周期性调整，韩国的M2在十月较上月增长0.2%，较九月增幅提高了0.1%。央行补充，韩国的合计流动性（即货币供应的最广义指标）在十月同比增长了7.8%，低于九月8.9%的同比增幅。¶

《韩国联合通讯社》

1.

在较为严肃的时刻，新闻致力于向我们诠释世界，试图筛选每一天的喧嚣躁动，以将我们的注意力引向少数真正举足轻重的事件发展。让我们产生兴趣的新闻话题太多（一对夫妇从金门大桥跳落；塔斯马尼亚几处着火；某墨西哥实业家开枪杀死竞争对手），但是这些新闻中真正值得聚焦的部分是什么？

鉴于政治上的左派和右派都一致认为，一个国家最基本的国情取决于财政状况，我们也继承了这样一种理念，认为经济报道应当被视为所有新闻题材中最重要的领域。

2.

抱负远大的新闻媒体，经常将我们的视线引向经济仪表盘上的一系列重要指标，包括货币供应（狭义货币供应，广义货币供应，零期限货币）、央行储备、工厂订单、消费者物价指数、建筑许可证、失业申报、赤字、国债，以及最重要的一项：国内生产总值。

这些数字可能会看得人头昏脑涨。用经济数据评估一个国家，有点像用血液测试结果重构一个人，此时，传统的标记如性格和人品被晾在一边，清晰呈现出的个人本质中，真正算数的就是肌酸酐3.2，脱氢乳酸927，每视野白血球2，C反应蛋白2.42。

就像血液之于人体，货币之于国家乃是一种不断循环、促动生命的媒介，以编码形式运载着预测未来的大部分数据。对其进行采样乃是下列伟大的政府财政实验室的任务——如英国国家统计局、美国商务部、法国的国立经济和统计研究所和韩国的国家统计局。每周，这些国家的统计学家都要进行经济调查，仅英国一地，收集数据的对象就包括六千家制造企业、两万五千家服务业公司、五千家零售商、一万家建筑企业和四千个涉及农业、能源、健康和教育的政府项目。在巨型计算机的帮助下，这些收获的信息经过处理，继而由统计学家发布高度简缩但却能引起深度共鸣的结论。举例而言，国内生产总值可以告诉我们，上季度全国所有劳动创造的经济价值增长了1.1%，或者（天理不容地）降低了0.5%。在数字背后，是成千上万次的会议、各种焦虑困惑、调研策划、高层讨论、起早贪黑、裁减员工、倡议方案、产品发布和失望反应，现在，区区两个数字就把它们代表了。

在其他科学领域，提炼精华是一种常用的方法，而经济学正立

hydrogen 1 H 1.0079																		helium 2 He 4.0026
lithium 3 Li 6.941	beryllium 4 Be 9.0122												boron 5 B 10.811	carbon 6 C 12.011	nitrogen 7 N 14.007	oxygen 8 O 15.999	fluorine 9 F 18.998	neon 10 Ne 20.180
sodium 11 Na 22.990	magnesium 12 Mg 24.305												aluminium 13 Al 26.982	silicon 14 Si 28.086	phosphorus 15 P 30.974	sulfur 16 S 32.065	chlorine 17 Cl 35.453	argon 18 Ar 39.948
potassium 19 K 39.098	calcium 20 Ca 40.078		scandium 21 Sc 44.956	titanium 22 Ti 47.867	vanadium 23 V 50.942	chromium 24 Cr 51.996	manganese 25 Mn 54.938	iron 26 Fe 55.845	cobalt 27 Co 58.933	nickel 28 Ni 58.693	copper 29 Cu 63.546	zinc 30 Zn 65.39	gallium 31 Ga 69.723	germanium 32 Ge 72.61	arsenic 33 As 74.922	selenium 34 Se 78.96	bromine 35 Br 79.904	krypton 36 Kr 83.80
rubidium 37 Rb 85.468	strontium 38 Sr 87.62		yttrium 39 Y 88.906	zirconium 40 Zr 91.224	niobium 41 Nb 92.906	molybdenum 42 Mo 95.94	technetium 43 Tc [98]	ruthenium 44 Ru 101.07	rhodium 45 Rh 102.91	palladium 46 Pd 106.42	silver 47 Ag 107.87	cadmium 48 Cd 112.41	indium 49 In 114.82	tin 50 Sn 118.71	antimony 51 Sb 121.76	tellurium 52 Te 127.60	iodine 53 I 126.90	xenon 54 Xe 131.29
caesium 55 Cs 132.91	barium 56 Ba 137.33	57-70 *	lutetium 71 Lu 174.97	hafnium 72 Hf 178.49	tantalum 73 Ta 180.95	tungsten 74 W 183.84	rhenium 75 Re 186.21	osmium 76 Os 190.23	iridium 77 Ir 192.22	platinum 78 Pt 195.08	gold 79 Au 196.97	mercury 80 Hg 200.59	thallium 81 Tl 204.38	lead 82 Pb 207.2	bismuth 83 Bi 208.98	polonium 84 Po [209]	astatine 85 At [210]	radon 86 Rn [222]
francium 87 Fr [223]	radium 88 Ra [226]	89-102 **	lawrencium 103 Lr [262]	rutherfordium 104 Rf [261]	dubnium 105 Db [262]	seaborgium 106 Sg [266]	bohrium 107 Bh [264]	hassium 108 Hs [269]	meitnerium 109 Mt [268]	ununnilium 110 Uun [271]	unununium 111 Uuu [272]	ununbium 112 Uub [277]		ununquadium 114 Uuq [289]				

*Lanthanide series	lanthanum 57 La 138.91	cerium 58 Ce 140.12	praseodymium 59 Pr 140.91	neodymium 60 Nd 144.24	promethium 61 Pm [145]	samarium 62 Sm 150.36	europium 63 Eu 151.96	gadolinium 64 Gd 157.25	terbium 65 Tb 158.93	dysprosium 66 Dy 162.50	holmium 67 Ho 164.93	erbium 68 Er 167.26	thulium 69 Tm 168.93	ytterbium 70 Yb 173.04
**Actinide series	actinium 89 Ac [227]	thorium 90 Th 232.04	protactinium 91 Pa 231.04	uranium 92 U 238.03	neptunium 93 Np [237]	plutonium 94 Pu [244]	americium 95 Am [243]	curium 96 Cm [247]	berkelium 97 Bk [247]	californium 98 Cf [251]	einsteinium 99 Es [252]	fermium 100 Fm [257]	mendelevium 101 Md [258]	nobelium 102 No [259]

地球上的一切事物(树木、你的配偶、办公室)，归根结底，就在这张表中

志成为一门科学。以化学为例，这门学科训练我们透过眼花缭乱的物理存在去发现构成万物的一百一十八种元素。根据其化学属性、原子数量和电子结构，这些元素可以按照近乎艺术般的优雅方式排成元素周期表。

3.

我们常常依赖自身的规模感以发现生活的意义或希望，但经济数据却可以粉碎这种感受。经济向我们揭示的存在体系之浩淼，可以瞬间秒杀我们的目标感。比如：全球的国内生产总值达七十万亿美元，全球债券市场市值达到一百万亿美元，衍生品市场达到七百九十一万亿美元，全球债务估计为五十万亿美元，欧盟债务为十七万亿美元，美国债务为十六万亿美元（每秒钟花一美元的话，花销一万亿美元要用三万一千年）；十亿人生活在贫困中，而最富有的2%精英人士拥有全球过半的财富。面对这些数字，我们犹如面对天文学统计般变得麻木。这相当于是在告诉我们银河包括四千亿颗星星，或穿越宇宙需要九百三十亿光年。从这种角度来思考自身的处境，并不是我们的头脑所习惯的。在此背景衬托下，我们的抱负就会显得可笑，甚至荒唐。想到自己是这般渺小如微尘，我们就会变得日渐恭顺和懒散无力。

4.

让我们噤声的不止是经济的体量，还有其复杂程度。只有发达国家的极少数人能彻底知晓其置身之经济体系的运作。面对诸如套利、《巴塞尔协议》和《巴塞尔二号协议》、周期性调整的经常账户预算、市盈率、量化宽松等基本术语，我们中间的多数人都无法明白其中的含义。看到新闻里的财经报道，我们也许会一再纳闷：货币增长率是指什么？对冲基金是怎样运作的？伦敦同业拆借利率决定了哪些东西？流动性是什么？通胀目标制如何运作？政府怎么可以“印钞票”？这样做又有什么长期后果？

新闻机构偶尔也聘请一些体贴的评论员，以帮助我们解开谜团。而他们也显然很努力地答疑解惑。但也许是因为这些让我们头晕的概念与大家的日常生活没有关联，用不了几个小时，我们的脑子就习惯性地过滤掉了他们的解释。

如果我们真的想要采取主动，自学经济事务的诸多细节，就必须沉着镇定。举例而言，交易方程式通常使用的原理，在经济科学的山脉中算是处于最和缓的地带，但就算是这样基本的概念，也已经在考量我们对下列算式的理解：

$$M \cdot V_T = \sum_i (p_i \cdot q_i) = p^T \cdot q$$

其中

p_i 和 q_i 分别代表 i-th 交易的价格和数量 ¶

p^T 是 p_i 的行向量 ¶

q 是 q_i 的列向量 ¶

看到这里，我们中间的大多数一定会就此放弃，迫切地想去围观那篇关于金门大桥跳海夫妇的悲惨报道了。

在特定的情绪下，面对经济学的威严和错综复杂，我们几乎会为自己的渺小产生愉悦的感受。在神学领域中，神学家有时会讲到敬畏感，就是当微小的自我面对神的出现时，所经历的那种“神圣的秘密”——在拉丁语中被称为*mysterium tremendum*。面对这张离差图，我们的感觉也许就和面对“神圣的秘密”差不多。

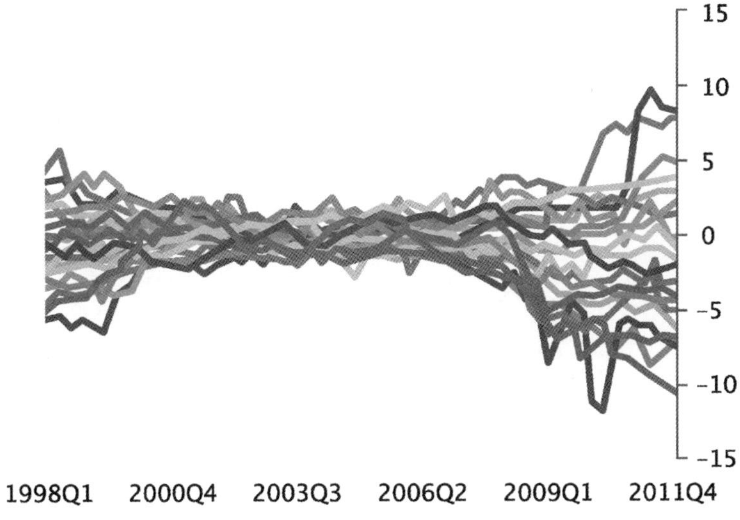

离差图

5.

也许在某些时刻，我们心甘情愿地聆听经济学的大智慧，但在其他情绪状态下，当新闻向我们转述世界各地的经济安排时，心里难免总会产生反抗性的质疑。

例如在夜深人静时分，当我们躺在床上辗转难眠，有些人也许会发出真诚有加但清晰不足的疑问：资本主义建设的这个世界为什么没有（此处拟用突降法修辞）变得更好？为什么周遭还是充满了苦难？为什么有人如此富有，而有人如此贫穷？为什么大多数工作都没有智力含量？为什么不能享有更多保障和休闲？为什么焦虑和恐惧成了世界病？我们是不是在以毫无理由、不计得失的方式破坏这个地球？（到了这时，夜或许已经深了，只有少数的顽强分子会继续追问下去）我们是否能以某种全新的方法推倒重来、排兵布阵，也许再通过几部法律、实验几项大胆的新观念，以建立一个有着更多自由、更少焦虑、更加快乐的世界？

6.

我们内心知道，这些问题都只不过是想想而已，它们属于十四岁少年笔下的诗歌，或和父母争论的话题。一到早晨，我们便将这些想法抛之脑后。在以标准方式陈述的经济新闻中，没有这些问题的立足空间。我们也许会过滤自己的想法，听听其他聪明可靠、明白事理的人怎么解读这些话题——比如听听美联储主席这位当今世界权力最大的经济学家怎么说。

如果我们的问题显得不够成熟，这是因为我们惯于把“成熟”和对众多事物的接纳相联系。而很多事物虽然痛苦，对于经济生活的运转却必不可少，于是我们的沉思听起来不啻为逃避现实者在乌托邦里的梦呓。长大成人意味着学会果断埋葬一众希望，而标准的经济学褒奖这种成长的过程，以及随之而来的受虐倾向。这个过程充满痛苦，用复杂奥妙但却掷地有声的方式告诉我们，为什么众多美好事物终究无法实现；为什么不能挥一挥魔法棒，让贫穷国家变得富有；为什么市场经济需要竞争，所以焦虑无可避免；为什么充分的就业会养懒人；为什么每个国家都必须奖励胜者、惩罚输家；为什么不能对富人按其财富比例课税；为什么不能让大家过得更简单而又同时保持尊严；为什么政府不能以提升价值为由限制自由市场；为什么空洞的消费品是繁荣经济中不可或缺的部分；为什么人们互不分享及循环利用各自财物，而这样的做法却是有利经济增长；为什么我们不能太过热切地追求世界的美好和洁净。

7.

于是我们便落入这样一种境地：一方面，新闻议题充斥着高度复杂的社会科学工作的报道，不断与几近宇宙尺度和不可思议难度的问题较劲，并间或发表悲观和听天由命的观点；另一方面，我们有许多粗浅、幼稚、单纯、激情而又热切的渴望被仔细地藏匿起来，鲜有向他人提及，只怕一道出口，就无法维系自己庄重和成熟的姿态。

8.

这种紧张关系有时也会因为绷得太紧而出现骚乱。一群人集体宣布：他们忍无可忍了！然后绘制一些标语牌，买上高音喇叭，在央行、快餐店或石油公司总部门口占领空地。几周以后，在与粗暴的警察有过几次激烈交锋之后，临时帐篷被高压水龙冲垮，而新闻继续迈步向前。

葬送这些骚乱的，乃是一种致命的天真：既怀有旨在改进现存问题的一系列最佳意图，而又对引起问题的罪魁祸首缺乏有效或深刻的认识。原本有望引起具体政治讨论的抗议行动，终也只能以原始的呐喊收场。

9.

对于这种缺乏逻辑的愤怒，新闻必须承担部分责任；因为是新闻煽动了那些无法理解自身处境因而陷入绝望的受众，并且还不断向他们灌输各种经济分析，从而狡猾地击垮了他们建设公平世界的雄心壮志。

占领华尔街，纽约，2011 年 9 月

抗议者正确认识到了经济体系的问题，但是在具体困难面前，又找不到矛头的精确指向。要了解金融体系的内在构造并找出现实可行的改革方案，首先必须得到辅导、进行研究，全神贯注地下一番功夫。令人着急的是，现实中原本有许多明智的方案，但不巧的是，对于这些，新闻从不会加以详细介绍。

多数的新闻报道不倾向于提供附带政治因素的经济教育，原因不外乎两种：或者因为新闻自身也感觉困惑或烦心，或者因为新闻也是现状的受益者。

解决经济难题并不是新闻的任务，也不在新闻的能力范围之内。新闻拥有的乃是一种稍为次要，但仍不可小视的权力：引导受众的注意力投向新闻所认定的重要议题，由此设定议程后，就可以向政府和企业输送兴趣浓厚、资讯丰富的支持者。

主流新闻机构目前所做的，不过是在经济领域内跟踪每天的日常活动。新闻告诉我们当下发生的事件，但并不就未来可能发生或应该发生的情形提供任何明确的态度。就新闻创造的议题而言，范围仍相当局限：是否应积极干预劳动力市场？是应该加入还是退出货币联盟？对通胀要保持严格限制还是放松管制？新闻镜头下的经济“辩论”不会逾越那根绷紧的界线：既要限制受众的预期，又要限制其对可能性的想象。一旦脱离了这个议题（例如要求重新审视股东的角色和职责，或质问对经济增长和人民福祉的既定假设），就会被贴上“激进”的标签，从而招来耻笑——即便我们现在认为理所当然的大多数东西（最低工资，儿童保护，环境立法）当初正是从看上去完全激进的方案（如果还算不上疯狂的话）变成了现在“明智”的方案。

完美的新闻服务应该在剖析时事的同时，勇敢传递理想，阐明支撑社会的经济原理。新闻应具备良好的方向感，怀揣经济乌托邦的愿景，以建立繁荣且文明的社会为目标，既关注金钱本身，又关注金钱的正确目的——营造满足、公平、慷慨、美好和善意。既对目标怀有坚定不移的信念，又对达成目标的手段保持与时俱进的灵活，不像那些顽冥不化的左派和右派，抱持各自立场划分阵营，搞得漏洞百出又令人厌倦。

10.

经济新闻在沿袭其关于衍生品、收益率和广义货币供应状况的分析套路时，不应该忘记其肩负的终极责任，乃是探索更美好的世界，让我们的职业生活能少点焦虑与伤害、多点保障和意义。

不管这种议题在古典经济学的语境中显得多么异想天开，在目前的历史进程中它着实太过重要，不应只在午夜梦回时被喃喃提及，或是在被警察驱散之前的几秒钟里，通过高音喇叭嘶哑地吼出。

投资人新闻

全球最大的消费品企业宝洁公司即将关闭其在英国和日本的美发产品研发中心，将日本神户的研究工作搬迁到新加坡，并将英格兰埃格姆实验室的工作搬迁到美国。英国实验室负责研发造型产品，日本实验室负责研发护发素。宝洁还在辛辛那提和德国分别设有一个洗发水研发中心和一个染发实验室。纽约股市收盘时，宝洁的股价上升了0.7%，收于69.82美元。¶

《彭博新闻》

1.

全球许多财力雄厚的新闻机构，都将大部分时间用于制作关于个别公司内部事件的报道。这些机构报道汽车、航空、能源、卫生、消费品、媒体和技术领域的发展，其关注焦点听命于某一类受众——投资人。这些人需要涉及商业机遇的即时准确数据，以帮助他们决定将资本以何种方式投往何处，以实现财富增长。

历史上，现代新闻媒体的进化的确和资本主义的银行、交易所和贸易商行的市场信息需求密不可分。十九世纪中期铺设在英美两国之间的跨洋海底电缆，其部分建设资金即来自金融家和传媒公司（路透社是其一）。当年在冰冷的大西洋水域深处，电缆传送的新闻报道，为人们带来了下列问题的答案：鸟粪的需求是升是降？里昂的纺织工人罢工对于棉花市场会有什么影响？对麦芽征税会增加多少税收？如果取消玉米进口限制，其价格会发生怎样的波动？

这种针对“投资人新闻”的重点如今还在延续。即便是主流的新闻机构，也会留出大幅版面或时段，用于播报全球主要股市的最

股票及指数

指数名称	价　格	涨　跌
FTSE 100	6 081. 95	+17. 37
Dow Jones	13 384. 29	-50. 92
Nasdaq	3 098. 81	-2. 85
Dax	7 748. 03	+15. 37
Cac 40	3 729. 26	+24. 62
S&P 500	1 461. 89	-4. 58

公　　司	价格	涨跌	百分比
Nationstar Mortgage Holdings Inc.	38. 83	+5. 60	+16. 85
Molycorp Inc.	11. 56	+1. 26	+12. 23
Energysolutions Inc.	3. 73	+0. 29	+8. 43
Newcastle Inv Corp.	9. 60	+0. 61	+6. 79
Alcatel-Lucent SA ADR	1. 73	+0. 09	+5. 49
Imax Corp.	24. 08	+1. 24	+5. 43
Ocwen Financial Corp.	36. 77	+1. 88	+5. 39
Quiksilver Corp.	5. 29	+0. 22	+4. 34
Walter Industries Inc.	39. 61	+1. 59	+4. 18
Sphere Drake Holdings Ltd.	6. 80	+0. 24	+3. 66

《彭博财经播报》的每日新闻

新数据，以及成千上万企业的股价涨跌。有些企业虽不为外人熟知，实际上却颇具规模与影响，且无形中支撑着我们生活，从美国的莫力矿业（稀有金属）到德雷克控股（商业财险）都身居此列。

2.

投资者对这些新闻报道的关注带有明确的意图：如果考虑投资某公司，他们会想要看到这家公司近五年的分红增长数字，最新的盈利公告，最近一季度的市净率，市值以及目前的市盈率（最近十二月或滚动市盈率，即 TTM）。如果必要，他们还会查看这家公司的三十日均交易量、相对市盈率与标准普尔指数的关系。

但是，他们绝不会去琢磨在这家企业做销售代表、车间主任是何等景况，思考公司管理的基调，猜想公司食堂的样子，想象其设在中国石家庄的制造厂状况，推测原材料的来源，或是从宏观的角度思考商业在人类社会中的意义。

投资者好比高高航行在夜空的飞行员。他们赖以导航的手段只有几处灯塔信号构成的视觉线索：半岛上的核电站，南北向公路干线，还有山脚那座中世纪城市，点亮的灯光让她宛如一枚璀璨的钻戒。但是他们不需要去关注广场附近公寓里的讨论，服务区内货车司机遭遇的难题，或是汽轮机房里技师的梦想。在驾驶舱里，唯一听到的声源就是普惠公司的双引擎发动机，以每分钟两万五千转的速度嗡嗡作响。

财经新闻机构派驻记者的地点涵盖了世界上最偏僻的若干经济据点。这些通讯员驻扎在加拿大的萨斯喀彻温省观察小麦收割，在巴西的海岸线上监督石油勘探，在马拉维监控铌矿和钽化钛锆钍矿的开采，在德国鲁尔区跟踪新一代通勤列车研发，在日本中部观察碳纤维航天面板的生产。然而，这些记者虽然占据着非同寻常、得天独厚的观察位置，其被分配的主要任务却只是将焦点集中于范围极为狭窄的信息，目的只在于帮助投资者回答这一问题："我们的钱应该投给哪些公司?"

3.

然而，将商业世界里发生的事件仅仅用经济术语来记载，将一家公司总结为股价上升 1.2 美元，或是将八千人的工作实践浓缩为 375 776 美元的营业额，其有限程度，好比将《傲慢与偏见》这样复杂的小说压缩成书中人物的银行账目。商业团体理应被尊为地球上最具人性价值的机构，其中的冒险、搪塞、欺诈、激情和痛苦值得被赋予仔细的描绘和有力的铺陈，并用讲述爱情故事所运用的激扬文字和美学技巧予以呈现。认为"人情味"应该出现在私人生活中，而不应该存在于工厂的生产线上、供应链或办公室隔间里，这种看法纯属文化中的意外事件。囿于投资人的职权所决定的狭窄关注范围，投资人新闻每天都在忽略各种摄人魂魄和跌宕起伏的情节，可实际上，其中的精彩程度一点都不输娱乐八卦或者小说。

战斗在该条线的记者应该发出声音，呼吁更多权限以写出接地气的文章，并为他们采集的数字注入活力。

夏普株式会社

东京股市

价格变动：—18 日元

开盘：288 日元　收盘：270 日元

比如，新闻机构应该允许记者更多地谈论恐惧。普通人与企业世界的接触完全通过光洁无痕的产品来完成，从中根本看不到任何产品背后的制造信息。夏普的 LE836 液晶电视或 R98STM－AA 900 瓦微波炉，在涉及其位于日本三重县多气町南郊的生产厂家时，都表现出讳莫如深的态度。这些超级理性、精工设计的机器都避免谈论其出身，包括驱动设计者的各种情感，如骄傲、嫉妒、欲望、残忍和报复。最重要的是，这些电器对于资本主义社会里弥漫的普遍焦虑缄口不提，尤其避免谈及夏普企业的四万六千名员工。金融家和经济学家喜欢用“创造性破坏”这个抽象术语来描述市场竞争中遭遇淘汰的弱小企业，但是放在三重县的语境中，这个词语的实际含义就是：数十年的奋斗、努力、规划、精力和希望的残酷终结。入夜，夏普公司董事长片山干雄辗转难眠，心血管剧烈地收缩。这位值得尊重、充满智慧的人物，不幸押错了几把赌注——在平板技术的投资中出现失误，对二流的智能手机屏幕下注，又在市场出现拐点时过度投入微波技术——现在几乎可以看到，竞争厂家将会毫不留情地赶他出局，连同他的众多下属以及公司股票。对于这样的情节，我们应该有勇气去听取。

雀巢公司

瑞士股市

价格变动 +0.20 瑞士法郎

开盘：63.55 瑞士法郎　收盘：63.75 瑞士法郎

在看到数字的同时，新闻也应该让我们看看数字背后的世界，把资本主义当做视觉和感官的现象来欣赏，并去体验办公楼和制造中心那惊人的整齐划一和平淡乏味。我们应该跟着摄影师杰奎琳·哈森克的脚步，走进那些世界各地的董事会议室，在那些房间里，几个勤奋的企业高层做着影响千万人生计的决定。这些人多半是工程师背景又深谙政治阴谋，个个怀揣蓬勃的野心。在哈森克的镜头下，这些人虽不在场，倒像是比在场更瞩目、更具存在感。例如，在日内瓦附近的雀巢董事会议室，我们也许会就着世界地图，看看那些高管们如何在商业阵地里运筹帷幄，如何在各种营销活动中攻城略地，推动蜂蜜坚果麦圈、圣培露气泡水和喜悦猫粮横扫五大洲的人与猫。这些高管在今日社会的影响力，直追古代战场上的大将军。

杰奎琳·哈森克，雀巢公司董事会议桌，瑞士沃韦，1994 年

爱德华·伯汀斯基，灿坤企业的车间，厦门，2005 年

灿坤电器

台湾股市

价格变动：+0.60 新台币

开盘：58.30 新台币　收盘：58.90 新台币

我们也该跟随摄影师爱德华·伯汀斯基的脚步去到中国，看看在我们雀跃采购的众多廉价商品背后，蕴含着怎样的付出：在中国东南部城市厦门，拥有两万三千名工人的灿坤电器生产着数量惊人的电烫斗、咖啡机、烧烤架、榨汁机、吸尘器和烤面包机。

我们应该记住，这些商品的价格之所以如此低廉，并不是因为灿坤电器这家企业太神奇聪明，也不是因为现代技术太具独创性，主要的原因还是在于厦门周边的工人吃苦耐劳，其工作环境按经济学家的委婉说法，叫“缺乏定价权”——说成大白话就是条件艰苦。

泰勒斯公司

巴黎股市

价格变动：+0.08 欧元

开盘：27.00 欧元　收盘：27.08 欧元

但也不能因此就否定生产过程中的美感。好比在法国戛纳的泰勒斯工厂装配车间，复杂有序的作业正在安静地进行，让我们看到高分辨率的地球观测卫星“昴宿星-HR 1A”的内部构造。鉴于我们自己的懒惰和混乱，这里多数工作所需要的高度精确、严格操作

贝内迪克特·雷德格罗夫，卫星装配车间，戛纳，2010 年

和严明纪律，让旁观者也不禁为之动容。如同看着一个人熟睡的模样，当我们看见一名员工身手敏捷地装配着卫星，我们的心头不禁感受到一股上天的仁慈。

慎康企业

澳洲股市

价格变动：—0.11 澳元

开盘：8.30 澳元　收盘：8.19 澳元

此外，新闻业应该促使我们思考：紧张繁忙的劳动，意义究竟何在？我们中的大多数显然从没听说过慎康公司，尽管这家公司是澳洲最赚钱的企业之一，同时也是全球最大型的包装企业，生产纸巾盒、尿布盒、牙膏壳、防晒霜外管和香波瓶子等等。不过，在当今积累的巨大财富中，也确实只有很少一部分是由贩卖诗歌或心理辅导这些最有意义的产品和服务实现的。

什么样的工作才富有意义？不论你从事多么谦卑的工作，当一天劳动结束，如果我们能够感到自己的工作从某种角度为他人带来了帮助，能缓解痛苦或者增加满足——不论多么微小，那就是意义所在。我们都希望自己能有助于他人，我们更渴望体会到自己的努力对同胞生活造成的影响。然而，当劳动被分割成零碎的片段，当一生的事业被用于生产对他人微不足道甚至毫无影响的产品时，还有什么意义可言呢？但是股市对此论调不买账，声称：工作日谈什么意义！那是休息日的专属。

股市指数给我们留下了一系列不同的感受：现代商业的蓬勃让人称奇，在各行各业取胜所必需的智力与精力让人惊叹，同时，浪费辛勤汗水的荒唐又让人负罪。而每当午夜梦回，内心想要反省一天下来所做的各种妥协，想起余生无多，扪心自问间又觉得心痛：自己究竟在拿着愈显珍贵的日子做些什么？

思爱普股份公司

法兰克福股市

价格变动：—0.10 欧元

开盘：59.70 欧元　收盘：59.60 欧元

可以得出这样的结论：金融新闻里的数字和图表永远只是速记，只有背后的报道和图片才能让我们了解自己所建设的这个世界。从根本而言，商业领域的重要程度绝对值得大书特书，仅仅为投资人利益着想的报道远远不够。

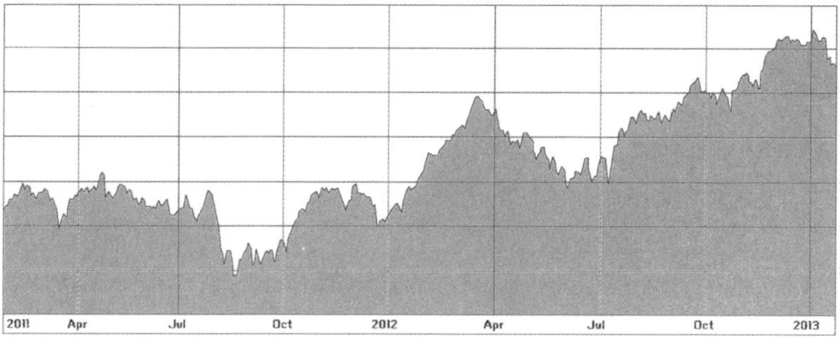

如此影响深远的故事，需要现代的左拉来讲述：
软件制造企业思爱普的股票价格，2011—2013 年

V.

名人新闻

Admiration

Interviewer: Usain Bolt is, hands down, the fastest person on the planet... There's no one else quite like the Golden Bolt... You are my hero. So how does that make you feel?

Bolt: I feel good.

Interviewer: How do you feel? When you get down on those blocks and you're about to explode, what actually goes through the Golden Bolt's mind?

Bolt: All you try to do is just relax, really. For me, it's always just trying to compose myself, try to not think about anything, because as soon as something comes into your mind, then you are going to be in a lot of trouble.

Interviewer: What does it take to be a champion, not just any old champion, [but] to be a great champion?

Bolt: Well, it's just hard work... Just hard work and dedication.

Interviewer: What is it that motivates you most now? Is it the winning? Is it being the champ? Is it money? Is it fame? Is it the women?

Bolt: It's everything.

Interviewer: How many times have you been properly in love in your life?

CNN

仰　慕

采访者： 尤塞恩·博尔特轻轻松松地当上地球上跑得最快的人……无人可及的黄金博尔特……您是我的英雄，您对这些称呼有什么感觉？

博尔特： 我感觉挺好。

采访者： 那是什么样的感觉？当您在起跑器之间蹲下身体，准备爆发的那一刻，在黄金博尔特的脑子里，到底会想些什么？

博尔特： 当时就想放松下来，真的。对于我来说，就是尽量让自己平静，什么也不去想。因为脑子里一旦有事，那就会有很多烦恼。

采访者： 怎样才能成为冠军？不是传统意义上的冠军，［而是］伟大的冠军？

博尔特： 这个，就是努力吧，就是努力还有投入。

采访者： 现在对您而言，最大的激励是什么？是比赛取胜？还是成为冠军？或是金钱？还是美女？

博尔特： 都有。

采访者： 您到现在为止谈过几段认真的恋爱？¶

CNN

1.

新闻不断地为我们引见一个个由非凡男女组成的方阵，其中有地球上跑得最快的人，有喜剧天才，有开创商业革命的领袖，让人食指大动的美味烹饪者，以及相貌完美无瑕的人。没有什么事比这些人的成就、个性和容貌更能让我们感到兴奋。于是我们总想知道：他们何以成为今天的自己？于是，我们想听他们谈论童年，观察他们的穿着，追随他们的情史，窥探他们的家居，跟随他们的脚步去海边度假，甚至在他们外出购物时和他们一起穿过马路。

2.

这种趣味遭到了全球精英文化卫士的一致谴责。在严肃的场合，表露对名人新闻的关注一般不是件讨喜的事。造成这种现象的部分原因是，精英群体普遍认为：若以人类社会所面临的重大问题为背景来检验，名人对社会的贡献不足以构成理性的崇拜，也不值

艾玛·沃特森买草莓，纽约，2012 年(Splash 新闻)

得关注。而对于少数成就上无可指摘的公众人物，有识之士会提出：我们应该将注意力严格聚焦于他们的成就，比如创立的企业或制作的电影，而不是将目光停留在其个人身上——因为我们往往习惯将注意力投向后者，关注各种琐碎细节，比如某名人最近带着哪位女伴去赴晚宴，或是某名媛在海滩度假时的发型。精英人士的想法是，对与我们同时代的名人产生英雄崇拜，而对方又对你一无所知，这种心理需求实在有辱斯文、幼稚可笑。这样的行为让人显得消极、自卑，相当于供认自己的无能，也证明我们对自己的人生目标和抱负心神涣散，不知道该如何度过自己的生活，因而选择了这种方法“逃避”人生。

3.

说起来真是遗憾，也不免让人担忧，因为如果严肃的人们看不上名人这个概念，那么打造名人的工作就会由那些完全不在乎迎合低级趣味的机构来接手。

此外，如果不认真思考名人存在的目的，我们会发现自己很难搞清楚：对于和我们生活在同时代的名人们，我们能从他们身上得到什么收获。崇拜名人是否能带来什么价值？崇拜他人是否可以带来具体或重要的益处？

勇敢，曼提尼亚的赫拉克勒斯，
约公元前 460 年

体育技能，无名的铁饼运动员，
公元前 460—前 450 年

领导力，伯利克里，公元前 430 年

4.

崇拜冲动是人类心理中一种根深蒂固的重要特性。忽视或谴责并不能将其消灭，冲动还是会在地下生根发芽，在静默中隐藏潜伏，伺机攀上不恰当的目标。与其压制我们对名人的痴迷，不如将这种冲动引向最明智、最有成效的方向。在一个组织完善的社会里，最具知名度的人，应该是那些体现和巩固了最伟大最高尚的价值观、最能造福社会的人，因而，承认对某名人的崇敬应该是件引以为豪的事，而不会让人感觉羞耻，或不得不用自我解嘲来开脱。

5.

在古希腊的黄金时代，雅典城邦对于崇拜的行为丝毫不以为尴尬。一众美德曾经为城邦所奉行，包括民主政府、骁勇善战、智识自由、公民荣耀、艺术表现和运动精神。不过，公民对这些品质的信奉并不抽象，而是将目光集中于用具体方式将其呈现的少数精英，而这些精英也因此化身雕塑、节日和文学作品，成为庆祝和纪念的主题。政治家如伯利克里和狄摩西尼，运动员如奥林匹克拳击手菲拉蒙、战车御者沙布里亚斯，音乐家如墨拉尼皮得斯和阿那克里翁都曾被世人仰望，成为通向充实人生(*eudaimonia*)的实际指导。

锡耶纳的圣凯瑟琳的手指，供奉在银制圣骨匣内

艰难婚姻的守护圣人，
勃艮第的圣冈古福斯

失败的守护圣人，
瑞典的圣伯依塔

历史上，天主教也向信徒举荐过一群杰出人士，旨在以此为榜样带动信众的赞美与效仿。这些圣人总共约达万名，其美好的品格与行为，如谦卑、慷慨、贞洁、温柔、节欲、忍耐、勤勉，旨在体现基督徒的核心美德。概述这些圣人生平的书——如中世纪末期的畅销书《金色传奇》认为，这些备受推崇的男女，其方方面面都具有重大意义，值得关注，比如他们喜欢吃哪种食物、穿怎样的衣服、家庭成员有哪些、头发又是什么颜色。此外，在这些圣人过世若干年后，中世纪的基督教惯于将其尸骨挖出、骷髅分割，并把尸骨的碎片供放在特殊的壁龛和礼拜堂里，以供千里迢迢赶来的信徒膜拜并获得启示，这样的做法在当时司空见惯。

就对待名人的态度而言，基督教和雅典人背后的共同点，在于对自我提升的信念，并且相信，只有沉浸在榜样的人生中，才最有机会成为更好的自己。天主教特别建议我们，当生活中遇到纷扰的时刻，应该问问自己，圣人在此处境下会怎样做。比如，在发生家庭争执时，我们应该想想艰难婚姻的守护圣人、沉静宽恕的代表圣冈古福斯；当遭遇职业上的羞辱，召唤失败的守护圣人、温和理性的代表——瑞典的圣伯依塔，我们也许就能平复内心。

6.

天主教教会对其圣人的态度，以及古雅典人对其演说家和掷铁饼者的态度，有助于我们找到看待现代名人的最佳方式。

我们学习的第一课，就是应该努力搞清楚：在自己崇拜的人物身上，真正打动我们的是什么？对于这样的诉求，新闻向来置之不理，因为新闻不喜触动受众对名人好奇感的深层思索，这样便能阻断我们对榜样的正确使用。新闻只管带着躁狂的精力盘绕在名人周围，一遍又一遍地问他们：对某种成就“有何感受”，或者抛出一连串缺乏逻辑的疑问，比如他们的下一部电影何时开拍，要不就是在灌木丛中安插顽强的狗仔队，来抓拍名人走出干洗店时的表情——仿佛有了这些策略，就真的可以平复普通人心中被名人莫名撩起的瘙痒。

如果头脑中记得天主教的榜样，我们就应该找出那些对于激励自身美德起到最佳指引效果的名人，从而让我们变得更加勇敢或活泼、更加智慧或有创造力、更加自信或宽恕。在新闻介绍给我们的为数众多的名人中（从和平谈判者到画家，从体育明星到神经科学家），我们应该为自己拣选一些真正有价值的人物，用其态度和成就激励自身，从而取得生活中更大的成功与满足。如此，在枯竭与困乏的时刻，不用假手超自然的意图或幼稚的理想，只要在脑海中搜罗出那些激励鼓舞我们的世俗“守护圣人”，就能获得加持。

为了以更有成效的方式使用名人，《名人采访》这个漏洞百出的新闻单元应该被重新改版。目前，这个单元的报道主要集中在隐私揭秘，以及关于“新项目”的各种迂回提问，而未来的采访首先应该提出这样一个问题：我们能从这位名人身上学到什么？至于名人所涉及的领域与我们有无关联，其实并不重要，概因大道相通——所谓它山之石可以攻玉。理想的名人采访应该帮助我们回答以下问题：尽管我不是网球运动员，温网赢家在第二局失利后逆转局势、最终取胜，其间的心态于我有什么借鉴意义？或者：虽说我没什么艺术抱负，那位从陶艺到建筑无所不精的全能艺术家，是否可以为我的事业规划注入榜样的力量？

那些更为优秀的名人不该被视为魔幻般的存在，只唤起消极的神往或暗中的好奇。他们也是凡人，只不过通过辛勤汗水和战略思维，取得了卓越的成就。我们应该将他们作为案例研究，进行审视和冷静剖析，并问自己：我能从他们身上汲取什么？目前拴在名人服饰和食谱细节上的兴趣，应该被引向有关成长的主题。在未来，理想的新闻机构应将每一则名人报道的核心赋予教育意义：召唤受众向值得称羡的人学习，以成为更好的自己。

7.

我们曾经认为，任何“模仿”名人的行为都是可悲和虚假的，但就这种行为的最高形式而言，基于钦佩的效仿正是构建美好生活的组成部分。拒绝钦佩，对杰出人士的举动无动于衷，等于在堂而皇之又毫无道理地封闭自己，并对重要的知识关上大门。

新闻的职责，在于确保名人版块向我们展现那些能够激发受众想象，且心理丰沛、思想高贵的楷模榜样，因为这些人能帮助我们应对自身性格中的瑕疵、解开自身志向里的心结。成熟的名人新闻，理应成为一个严肃、可敬的媒介，让我们借此勇猛精进。

嫉　妒

作为一名拥有私人飞机和百万美元赛车的富豪，埃隆·马斯卡显得格外内向害羞。他身材高挑，双臂颀长，手掌宽大，孩子气的脸上总是有种心不在焉的表情；你可以感觉到他的脑袋终日运转不停。在2002年成立SpaceX之前，马斯卡创建了两家互联网公司：1999年以三亿七百万美元现金出售给康柏的Zip2和上市不久就卖给eBay的PayPal。作为最大股东，马斯卡时年三十岁。¶

《连线》

1.

周末是新闻话题可以稍事轻松的时间。报纸上有彩色副刊，科技、设计和媒体博客，时尚栏目、专访和人物报道。花个把小时浏览报道，我们便得知：曼哈顿下城有个经营四家火爆海鲜餐馆的二十五岁主厨；某位著名电影导演的女儿创立了一个时尚品牌；硅谷的创业人士用卡塔尔风投的十亿美元建立了网上大学；某备受推崇的德国艺术家在柏林筹备个人展览；前华尔街银行家准备在中国开设二十家精品酒店——所有这些信息的获取，都发生在某个氛围轻松的周末早晨。阳光透过窗帘洒入，花园里传来鸟鸣，而我们正准备悠闲地处理家事。

2.

与过去任何时候相比，眼下的时代将个人机遇推到了最前沿。在历史上的大多数时期，一个人从生到死，其社会阶层都不会发生改变。父母的职业决定了下一代的职业。改善地位的希望微乎其微。

金融市场处于原始状态，而资本的获得也非易事。技术发明约隔两百年才涌现一次，而政治改革的频率则更缓慢。

现在，拜新闻所赐，我们不断看到各种关于坚忍不拔、踏实苦干、白手起家和自我实现的报道，从而从理论上打破了个人成就的天花板。根据这种观点，只要有创造力和顽强斗志，没有什么是不可能实现的。眼下在世界各大洲，那些最聪明的脑袋正在研究各种独创途径筹措款项、撰写脚本、发明配方和设计机器，以期改变人生的基本面。安于简朴、知足常乐的态度不仅显得大错特错，也许还会被视为精神问题。

当新闻将这些个人成就报道摆在我们面前，其所期待的反应是：我们能以知足与成熟的心态接纳这一切，对大亨的成功产生平静的喜悦，对企业家的白手起家感到励志，对艺术家的全球盛誉兴趣盎然。新闻机构平日里提醒我们防备闪光灯、裸体像和亵渎语言之有害副作用，这会儿却认为，目睹他人成功丝毫不会带来潜在的不良后果，也无需为此进行心理建设。每周，新闻机构随意挑出某些成功人物在受众眼前展示，并期待我们对此心怀感恩。也就是说，某个周六早晨，当我们坐在厨房餐桌前读取这些人中龙凤的信息时，我们的心情应是欣喜的，不会产生任何特别有害或令人担忧的念头，只会对人类的天才和智谋感到慷慨的欢欣。

3.

然而在内心深处，我们当中的有些人却很可能会因此陷入嫉妒的泥沼。世界如此广阔，自己却如此卑微渺小、转瞬即逝，不由让人感到酸楚。虽然表面不动声色，但想到曾经埋下的希望与而今面对的事实，看到同时代的其他人（甚至比自己年轻得多的人）所展示的成就，再对照自己微不足道、羞于启齿、琐碎零乱的人生，之间的落差也许会让我们陷入苦恼。这些理由足够引起片刻揪心的忧愁，但到了一定的程度，就连自怜自艾也提不起兴趣了。

在看完标题为《硅谷二十大投资人》这样鼓舞人心、浓墨重彩的人物特写之后，对生存产生恐慌不太像是合理的反应。但是当目光扫过这样一则报道，我们还是很有可能会把副刊扔到一边，拳头往桌上一砸，带着痛苦的抽泣向毫不领情的世界（或是对着我们正忙着准备午饭，面露惊讶的配偶）咆哮：“**我再也不要做我自己了！**”

4.

新闻理应在情感上对我们伸出援手，而不是装得若无其事，不厌其烦地向受众介绍人类最精力充沛、思想活跃的个体所取得的成就，且期望人们对此安之若素。新闻应认识到，需要多么的麻木不仁，才能目睹某个同时代、同性别的人买卖企业、结交权贵、吸引百万人的目光，自己却只是感到平静的喜悦。新闻应有雅量承认，对于不存疑、不设防的新闻消费者，如何帮助其理解、参透频频冒出的嫉妒并与之共处，乃是迫切的需求。

5.

虽说嫉妒向来招致汹涌的道德批判，其实它也是体面生活不可或缺的成分。因为正是嫉妒唤起了应该起意的行动，引起我们对余生的思考，而此中包含了我们性格中那些混乱却重要的部分向我们发出的模糊信息。聆听嫉妒发出的声音，我们才可以迈开痛苦却必要的步伐，实现真正的自我。

因此，与其压抑嫉妒，不如尽己所能对这种情绪进行分析。我们嫉妒的每个对象都犹如一片拼图，拼接起来便可窥见我们自身的未来景况。当我们翻开杂志，阅读报纸，或是听到收音机里某位老同学最新的事业进展，那些滋生的嫉妒碎片正等待我们的组装，去生成一幅“真实自我”的肖像。虽然当嫉妒最初袭来，我们很可能为此感到羞耻并映射出自己的失败，我们还是应该问问自己这个最基本，并带有救赎色彩的问题：“我可以从中学到点什么?”遗憾的是，嫉妒的反应常常令人感到困惑、模糊和恐慌。我们对某人的嫉妒会从局部蔓延到整体。而实际上，如果我们对某人的生活进行冷静剖析，就会发现，其行为中只有一小部分让我们产生共鸣，并值得我们用自己的脚步去跟随。

6.

当我们对他人成功道路上的付出知道得越少，就越容易对他人的成功感到嫉妒。如果新闻机构多点仁慈，在报道时就不会把他人的成功描述成神秘的既成事实，而是会用大量的笔墨分析成功背后的故事。这样的话，成功人士的报道就会被当成案例分析，让读者可以了解并效仿，而不是像现在这样只能报以羡慕嫉妒恨。

7.

当然，嫉妒的作用也有限度。太过频繁地展示他人的成功，其结果可能会直接吓得我们不敢作为，或是无意间打消我们将计划付诸实践的决心。为了让自己也能取得某些成就，我们需要解除他人的功勋报道给我们带来的心理压力。但凡想要取得某些有价值的成就，让自己有朝一日也成为嫉妒的对象，我们就得让内心归隐于沉静。

新闻还应该向我们提示统计学意义上的事实，以此对我们提供帮助。虽然副刊可能永远都是成功报道的天下，但成功本身却终究是种不同寻常的现象，数百万人中成功者通常不过几千而已——这样的细节，却往往被编辑精心地（也是残酷地）隔离出我们的视线。

与新闻所暗示的恰恰相反，大多数企业实际上都是以失败告终，大多数剧本最后也没有被拍成电影，大多数职业都平淡无奇，大多数人的脸蛋和身材也谈不上完美，而几乎所有人都是在悲伤担忧中度过大量时光。不应该因为自己的生活够不着某个毫无真实性的标杆，就开始顾影自怜；或只是因为无力挑战某些心惊肉跳的障碍，就开始自我埋怨。

一旦彻底剖析了嫉妒情绪，对于自己微不足道的人生，我们感到的就是群体的焦虑，而非独自承受的困扰。

成名的渴望

全球最具影响力的名人

70. 道恩·强森，3 600 万美元
71. 玛利亚·莎拉波娃，2 600 万美元
72. 本·斯蒂勒，3 300 万美元
73. 克洛伊·卡戴珊·奥多姆，1 100 万美元
74. 塞思·麦克法兰，3 600 万美元
75. 查理兹·塞隆，1 800 万美元
76. 索菲娅·沃加拉，1 900 万美元
77. 塞雷娜·威廉姆斯，1 300 万美元
78. 亚历克·鲍德温，1 500 万美元
79. 珍妮特·埃万诺维奇，3 300 万美元 ¶

《福布斯》

1.

人为什么想要成名？嘲笑名人谁都会，但在灵魂深处，成名的渴望究竟来自哪里？很少有人会因为偶然因素成名，或不费吹灰之力地成名，那么，究竟是什么让我们心甘情愿为了博取名声去付出深层的牺牲？

2.

在对名声的欲念中，最核心的部分乃是一种动人、脆弱和简单的抱负：希望被善待的渴望。无论次要的冲动是垂涎金钱、奢华、性或权力，真正促动成名的动力正是被尊重的愿望。

如果认为仅凭这一愿望，不足以让人穷毕生之力去博取和维持名声，我们也许是低估了名声的反面——耻辱——的杀伤力。也许我们对名声的饥渴，不过是因为没有名声时被忽视、被施舍、被遗忘、被指挥着排队、被视为无名小卒、被通知数周后等消息的痛苦太过煎熬。除非采取极端手段，在这个世上获得人格尊重几乎不太可能，于是人们希望用成名的方式来博取。也许我们在法律或者投票箱前人人平等，但是在办公室、社交场合，或是奔忙于衙门和企业之间时，谁也没法打包票一定会受到有尊严的对待。尤其是在大城市，在那些无情对待普通人的密集居住地带，失去了广袤天空与辽阔地平线的仁慈感化，纷纷扰扰的生活让冷漠成为常态，而尊重则成为只能严格配给的稀缺商品。在曼哈顿或洛杉矶这样的地方，任何人都势必会被问到其谋生之道，要是没有现成的像样答案，最好还是离这些地方远一点。

3.

名人的状况就不同了。他们可以四两拨千斤地从他人手中截取善意和尊重。只需报出一个响亮的名字，就可立时收获普通人要花费数年、耗尽心神才能得到的东西。于是就可以节省很多时间。

由于名人拥有强大气场，代表着背后数百万追随者的评价，因而其他人也必须善待名人。架起名声力量的，乃是一大群不知名的崇拜者。如果对名人讲的笑话无动于衷，或者对他们的才能表示怀疑，那么你不仅是在与某一个体为敌，而且是在挑战将名人抬上神坛的整套体系，包括给他们授奖的聪明评委、买他们专辑的粉丝军团、选他们为封面人物的尊贵杂志。所有这些都构成一股无形但却高效的力量，当名人在聚会上结识某人，或是必须和办事柜台后的某位官员打交道时，这种力量便可供名人随意调遣。名声之于名人犹如权杖，将伺机流露的卑劣嘴脸赶跑，从而不必让他们落入陌生人的摆布。

4.

不过，也不是每个人对名声都同样渴望。垂涎程度似乎与两个因素挂钩：个人的童年，以及所处的社会。

典型的名人，其早年几乎都遭遇过被人排挤的经历，从而对名声产生了各种经久不衰的渴念。家中的父母有一方势必态度冷淡、吝于关爱，不然就是更疼爱其他兄弟姊妹，或者早逝。在最极端的情形下，家长因为自己忙于成名，或与已经成名的人交往，而忽略对自己儿女的关心。这种家庭的儿女，成年后会深深沦陷于成名的渴望。

在最需要关注和善意的时候，在零到十岁这个最脆弱和缺乏自我保护的年龄段，当缺少复杂的手段、只能凭借自己的存在吸引他人的爱意时，未来的名人们因为无法用自然的方式获得家长重视，病根就在这种灾难性的忽视中种下，并足以就此影响他们的一生。一个人曾经遭遇过的漠视有多严重，日后出人头地的愿望就有多强烈。

不幸的是，即便取得了名声，早年的缺憾也并不就此得到补偿，因为他们真正的愿望并不是用唱歌、雕塑、谈生意等方面的成就博取世人的仰慕，而是想要因为自己的存在本身得到他人的喜爱。于是，伴随着名声而来的往往是空虚感，因为当初引发成名渴念的那种羞耻感并不因此而消亡。名人身上经常出现的自毁行为，正是在付出极大代价获得成功之后所宣泄的困惑和愤怒。因为再多人的吹捧也无法补偿最重要的人当初对自己的忽视，于是便产生了破坏的欲望。

相形之下，快乐的无名之辈无需他人的喝彩，一样能对卑微的工作安之若素，这样的人才是上帝真正的宠儿，因为他们享有人类最慷慨的赠礼：成为父母眼中的掌上明珠。父母亲十年的关爱，足够滋养之后五十年平凡的生活。只有当孩子的情感需求得到妥善满足，他们的童年才担得起“恩宠”这样的字眼。

这样的分析还有一项额外的收益，即测试我们身为家长合格与否。我们只需问一问：亲爱的孩子你是否有过成名的念头？

5.

对成名的渴求程度还取决于个人所处的社会。如果一个社会里，尊严和善待只是极少数人的专享，想要出人头地的欲望就愈加强烈。因此，将年轻人的有伤风化归咎于“名人文化”，根本就是搞错了重点。名人文化的真正成因并非顾影自怜的浅薄，而是善意的缺失。一个社会里如果人人都渴望成名，那么势必有本质上的政治（广义概念的政治）原因，使得普通人无法获得必要尊重，以满足人类对尊严的自然渴望。

就现代世界对名人的沉迷而言，与其说我们所处的时代太过肤浅，不如说是太过残酷。名声已经成为达到目的的手段、获得善意尊重的捷径，然而，其实尊重也可以用不太依赖名声的方式获得，比如通过善意，而不是杂志封面。

要想降低对名声的热望，我们不应该对名人新闻皱眉，或者着手查禁这类新闻，而是应该想办法让善意、耐心和关注成为普照的阳光，洒落在更多人尤其是年轻人的身上。

成名的伤害

伦敦高院最近裁定，讽刺艾尔顿·约翰的专栏文章并不构成名誉损害。据艾尔顿·约翰称，刊登于《卫报》的某篇文章对其严肃的慈善工作予以嘲弄。他指称报纸居然拿正装慈善舞会这样的重要活动调侃，说此举的目的不过是自我宣传和结交名人，而并非为了筹措善款。艾尔顿·约翰认为该文章“无故中伤、下流卑劣”。但是法官未予认同，声称“被投诉的语句……就《卫报》周末版的理性读者而言，并不会理解为其中涉及任何严肃的指控”。艾尔顿·约翰提出了损害赔偿及公开道歉的要求，而《卫报》发表声明说：“艾尔顿·约翰未能以幽默姿态解读这篇文章，对此我们深表遗憾。从十七世纪开始，英国报纸就开始刊登讽刺文章：法院的裁决正是彰显了对偶尔调侃这项权利的认可。”¶

佩雷斯·希尔顿个人网站

1.

那些决意成名的人，梦想自己能够获得一种特殊的**优质关注**。在他们的想象中，大众仰慕他们的才能，并且宽恕他们的失误，就像是慈爱的父母、理想的老师或全能慷慨的上帝。

而一旦成名，他们就会意识到，自己收获的乃是一种让人困惑的关注：一忽儿被爱、一忽儿被恨，犯了小错就被穷追猛打，暴露了马脚就被逮住不放。有些事明明和赖以成名的才能毫无关系，却也难逃关注，天不亮就有记者去翻拣自家的垃圾筒，尴尬的照片很快被传上网，几小时就引来数百万人的嘲笑。要是他们对这种关注（姑且被称为**劣质关注**）有所抱怨，就会立刻听到这样道貌岸然的说法：追求关注的人不能自主选择关注的形态，因此面对任何形态的关注，他们都必须做好思想准备，甚至也只配拥有这样的姿态。

2.

由于名人如此不同寻常又享有这般特权，以致我们都要花上一点力气才能想起：其实他们在各个方面都并非异类，而且有一点还和你我特别相似——都是容易受伤的人类。

对于被认可的急迫需求，当初曾经是驱使名人成名的动力，但现在，这种力量却让他们特别不堪忍受奚落和诋毁。可一旦成名，这些状况又不可避免。名人会被迫发现，他们的名声已不再是自己的专属，而是其自身与大众共同创造的产物，对此，可供自己驾驭的空间竟是那样的狭窄，手段又是那样的迂回。守护名誉有点像引导肥皂泡的飘浮那样徒劳无功。当名人遭遇媒体羞辱，在惊恐的情绪下，他们会认为那些恶毒的文章、尴尬的照片已经举世皆知，让人都相信了最坏的谣言。那种曾经驱使名人成名的自我恐惧，如今变得真实可触：他们果然就是讨厌的怪物，虽然他们已经竭力向自己和世界证明事实并非如此。

3.

面对这种局面，有人会给他们出主意，建议其采取英雄色彩的抗争姿态。受伤的名人会被劝慰着走自己的路，让世界去说。但是，要不是在性格中对他人的看法过于在意，这些人当初又怎会走上成名的道路?

比较好的战术是知彼知己。名人也许会设想，其批评者心中的恨意犹如滔滔江水连绵不绝，因而将他们牢牢定罪，并竭尽羞辱之能事。但事实上，他们的反对者不过是一帮轻率浮夸、没心没肺、标准低下、人云亦云的家伙。那些人虽则发出毒舌的评论，可他们自己都不相信这些话真会传到对方的耳朵，并且对方真的会因此而受伤。这种攻击就像从高空投掷炸弹，因为不必面对面直视牺牲者，于是会毫无顾忌地加大杀伤力。

4.

之所以我们期待他人失败、会为他人的过失幸灾乐祸，背后的原因说来悲凉，乃是我们在为自己的无名感到愤怒——因此需要惩罚那些貌似夺走了自己那份关注的名人，以获得内心的解脱。这种令人失望的野心也让我们成为输家：需要看到他人失败的人，自己不正是输家吗？

嚼舌的欲望和成名的渴求来自同样的病根——两者都是缺失关注的产物。其实被忽视的问题既纠缠我们，也纠缠名人，只不过他们的舞台更广、规模更大而已。我们甚至不妨认为，名人与缺失关注之间的关系，就像无畏的飞行先驱与航空旅行之间的关系。虽然很多早年的飞行员在惨烈的爆炸和坠机事故中丧生，其终极目标却是为了有朝一日让所有人能安全飞行，就像在名声的舞台上，其终极愿望是为了让尊严随着时间的推移变得更加普遍，让如今只是少数人专享的尊重，在未来犹如民主的阳光一样普洒。

民主二字的真义，我们至今仍在探索。最初，民主反映的是一种信仰：认为权力不应该只属于少数人。在耗费了大量时间、感召行动和政治呼吁之后，这个理念才得以普及，精英们也开始意识到，选举权的剥夺正是统治者给其人民带来的最真实的恶行。如今，我们应该继续推进民主的进程，并承认除了选举之外，还有同样重要紧迫的其他需求，而其中必须包括对尊严和尊重的需求。将心比心，就能体会到任人摆布、遭受凌辱时内心巨大的冲击。一个社会若以贬低最多数的群众为常规，也必将为强烈的成名欲望所累，间或对那些业已收获名声的少数人，爆发出最尖刻、最仇恨、最分裂的抨击。

不管是恶意流言还是对名声的过热渴求，其实都有出路，只不过目前的社会安排容不下这条出路，那就是：广泛配送优质关注。如果这项资源能够得到更充沛的供给，那么，侮辱少数人的欲望、出人头地的躁狂都将会降温，从而让人人都能从中受益。

VI.

灾难新闻

Tragedy

A Manhattan doctor plunged 30 stories to his death from his Upper East Side high-rise yesterday in an apparent suicide, police and witnesses said. The body of Dr.Sheldon 'Shelly' Steinbach, 68, an anesthesiologist, slammed into a second-floor balcony at the building, at 246 E.63rd St., at 9:35 a.m. 'I heard a large bang, and we looked outside and saw him. His body just exploded,' said resident Jonathan Kershner, 25, who lives two floors above where the doctor landed. 'Then a doorman came by Saying a woman was looking for her husband.' Kershner added. Steinbach had a Twitter page but had not updated it since October 2011. The personal description on his account reads: 'I am an anesthesiologist in New York City and am having a great day. Married. Love aerobic activities and music.¶

New York Post

悲　剧

据警察和目击证人称，昨日一名医生从位于曼哈顿上东区的高层公寓三十楼坠亡，事件为明显的自杀行为。六十八岁的麻醉师谢尔登·斯坦巴克（谢利）医生在上午九点三十五分坠落于六十三街二百四十六号东的二层阳台上。住在医生坠楼处上方两层的二十五岁邻居克什纳说：“我听到‘砰’的一声巨响，往外一看就发现了他。他的整个身体都炸开了。”克什纳又补充：“接着大楼的门房过来，说有位女士正在寻找她丈夫。”斯坦巴克设有推特账户，最后一次更新是在 2011 年 10 月。其推特主页的个人介绍写道：“我是纽约城的一名麻醉师，今天过得很开心。我已婚，喜爱有氧运动和音乐。”¶

《纽约邮报》

1.

每次和新闻连线，我们都会毫无例外地看到各种不测事件的图文报道。不是抑郁的男子跳楼，就是母亲给孩子下毒，不是教师强奸小学生，就是丈夫砍死妻子，再不就是中学生枪杀同学。这些新闻总是能将我们带入严酷的人性大考验，几乎十拿九稳。

这种情形下，正派的做法是移开目光，因为这类死亡和创伤对于陌生读者来说过于悲伤也过于私密。从这个角度而言，任何好奇心都特别可耻，不啻为一种现代病。

严肃的新闻机构因为忌讳侵犯隐私，通常都会在类似事件的报道中采取收敛节制的语气，因为这类报道确实是在严格拷问人类的理性和正派。

于是他们把这些事件移交给那些心无畏惧、没那么凝重的同事，让那些人去挖掘关于倒行逆施的鲜活细节，比如从阳台坠落的尸体、捆绑小孩的房间，或是仍然淌着配偶鲜血的刀刃，然后统统赋予特写。他们兴致勃勃地承担这样的调查，也收获数百万读者和观众的围观作为回报，虽然这种浓厚饱满的兴致偶尔也伴随着那么一丝内疚。

2.

将大众对惊悚报道的兴趣归结为缺乏品味和无所事事，这样做并不难，但在陈腐的表象之下，我们应该承认，自己经常是以一种困惑和含混的方式去试图捕捉重要的收获。当沉浸于这些血淋淋的报道时，我们并不单单是为了娱乐或消遣，也不只是为了放纵感官刺激，在自身生活无法提供的场景中释放强烈的情感。

我们也许还在借着野蛮报道，帮助自己更好地把握个性中较文明的部分，特别是借此滋养总是转瞬即逝的耐心、自控、宽恕和同理心。

针对大众对十恶不赦事件的着迷这种现象，与其站在道德高地痛批，不如面对真正的挑战——调整这种事件的报道方式，以更好地释放那些潜藏其中的重要的情感意义和社会效益。

3.

每年三月末，古代雅典的公民会聚集在卫城南坡的狄俄尼索斯露天剧院，观赏这座城里最伟大的悲剧作家的最新作品。这些剧作毫不留情地表现惊悚，其中情节可轻松比肩当今任何爆料新闻：某男弑父娶母，并剜出自己的眼睛（《俄狄浦斯王》），某男为替兄弟惩罚不忠的媳妇，竟杀害自己的女儿以成就计划（《依菲琴尼亚》），某女为阻止其不忠的丈夫迎娶新妻，更是杀死自己的一对儿女（《美狄亚》）。

我们也许认为这些故事太过重口味，任何头脑清楚的人都应该避而远之，但是哲学家亚里士多德却宽宏地看待人类对这类题材的迷恋。在约公元前335年所著的《诗学》中，他认为，只要有高超的剧本和艺术性的舞台呈现，这些故事可以成为教育全社会的情感和道德力量的重要来源。这些故事虽然情节残暴粗野，却具备重要的教化功能。

但是，要想达到这种功效，把**惊悚剧**（对恶性事件的无意义陈述）升华为亚里士多德所称的**悲剧**（以恶人恶行为原型的教化题材），哲学家认为，必须有精妙构思的剧情和清楚勾勒的人物性格。剧作家必须最大限度地调动戏剧技巧，以让观众在某一刻自发地领悟到：舞台上那位神经错乱的主角，尽管表现得情绪激愤、盲目轻率，害死他人也葬送了自身的名誉与生活，如果在新闻中出现会被当成疯子而逐出视线，但说到底，从某些方面看来也就像是我们自己。当观众看到剧中人犯下的可怕错误与罪行，便只得别无选择地得出一个吓人的结论：也许一念之差，我也会犯下同样的错。这就是悲剧作品的道德与教化意义——向我们证明，让本质上正派亲切

男子为惩罚其妻开车驶入自家房屋，曼彻斯特，2012 年

美狄亚为惩罚其夫杀死亲生儿子，希腊陶罐，约公元前 330 年。
我们对犯罪行为的迷恋，也许正是潜意识里防止自己身涉其中的努力。

的人露出黑暗的一面，实在是易如反掌。

假如我们的心智十足健全，假如疯狂的念头不会左右我们的内心，其他人的悲剧就不会对我们产生如此大的吸引。当我们在媒体上追踪阴森的报道，潜意识里也许是在探索一个说来惊心但又重要的问题：如果某天深夜我因为家庭纠纷而致情绪失控，在备感受伤、精疲力竭、脆弱不堪之下，我会不会也动手杀了自己的另一半？假如我离了婚，前任又不让我探望孩子，出于扭曲的复仇心，我会不会也杀了自己的孩子？我是不是会对着摄像头开始视频聊天，而在不知不觉间走上色诱对方的道路？

为了让文明得以前行，我们自然要用一个坚定的不字来终结以上的疑问。新闻在此承担着重要的任务：新闻中呈现的所有灾难事件应该被定格，以便赋予我们最大的勇气、去学习抵御人性中混乱的成分，让自己在最极端的情形下也能抗拒恶魔的唆使。我们也许永远都不会在探访日即将结束时把孩子抛下大桥，或在与伴侣发生争执时开枪将其打死，但是我们每个人都会在某些时刻滑向情绪的边缘，而距离上述行为仅有一步之遥。悲剧的意义正在于展示失去自控的可怕后果，以提醒我们把握自控是何等重要。

4.

悲剧不应该仅仅教会我们正派的行为，还应该促使我们心怀善意。对于杀害配偶或孩子的人，我们对其有几分同情，很大程度上取决于故事的讲述方式：是否提供了当事人的充分信息，是否披露了作案动机，是否对罪犯的复杂心理进行了抽丝剥茧的调查。

在古希腊的悲剧里，经常会在事件叙述中插入合唱，来引导观众情绪并为人物的行为增添背景信息。无论剧中人物犯下何种罪行，合唱队通常以肃穆尊敬的语气对其加以描述。这种周到的安排，使得看完《俄狄浦斯王》的观众在散场之后，不会把命运多舛的剧中人物简单地视为“倒霉蛋”或“精神病”。

相比之下，新闻对于报道的陈述却没那么严谨，于是，我们的判断也跟着变得轻狂和恶毒起来。

> 蒂赛德的一名医生近日入狱，原因是他下载了一千三百多名儿童的不雅照，其中包括性虐儿童的场景。在索纳比的温斯利代尔花园，警察在詹姆斯·泰勒的电脑上发现了“令人作呕”的照片。这名三十一岁的医生就业于韦克菲尔德的宾德菲尔兹医院，对浏览儿童不雅照的事实供认不讳。周五，蒂赛德刑事法庭的法官判处泰勒一年零一天监禁，并被终身禁止从事与儿童接触的工作。¶
>
> *BBC*

乍看之下，我们会觉得这位医生丝毫不值得同情。但是这种反应其实取决于案件陈述的方式。讲述故事的具体方式，决定了我们对故事主角的同情多寡——**且这样做未必一定有错**（正如陀思妥耶夫斯基或耶稣对我们的提醒）。

就新闻报道的语境而言，这种诉求颇具争议，甚至含有危险的因素，因为我们必须同时应对两种看似对立的想法：一方面可能对罪犯产生同情，一方面又坚决谴责其犯罪行为。媒体都心照不宣地认为，其受众没有能力取得这场概念战的胜利，因此如果在报道中流露出一丝同情，受众就会想要打开监狱的大门，让杀人犯逍遥法外。于是，任何呈现出罪犯人性化一面的文字陈述，都被新闻坚定不移地予以否定。

于是，新闻报道采取了短平快的方式讲述事件。一台《俄狄浦斯王》也许需要一个半小时，而关于医生的那则新闻报道却只有短短三百来字。

难怪，愤怒的情绪会在看到以下标题时达到巅峰：

医生私藏"令人作呕"儿童不雅照

然而，继续往下读，我们的判断也许会遇到挑战。在文章的最后一段，我们看到：

> 法官判定泰勒签字登记为性犯罪者，时效十年，并表示："因为这项判决结果，你的职业生涯将就此画上句号。"

想到医学院的七年光阴竟换来如此下场，我们也许会觉得后背发凉。报道中也可感受到这名医生内心的恐慌：

> 法院称，泰勒起初否认指控，但经警察盘审，稍后供认了罪

行，承认自己下载了那些图片。也知道自己将为此付出巨大代价：

辩护律师斯蒂芬·里奇告知法官乔治·穆尔豪斯，泰勒的妻子带着出生不久的孩子离开了他，他的生活也就此毁了。¶

后面的补记告诉我们，泰勒在狱中自杀未遂。此间的唏嘘程度并不亚于《包法利夫人》或《哈姆雷特》的情节——而且不妨说，这位医生就本质而言并不比那两位主角更邪恶——哈姆雷特毕竟是个杀人凶手，而包法利夫人的确残忍地虐待过儿童。世人把他们视为“悲剧”人物——也就是说，值得被赋予复杂的理解——因为我们相信他们的本性或际遇中势必有异乎寻常的高尚和尊贵之处。但是说到底，升华包法利夫人和哈姆雷特，使之有别于其他普通罪犯的，不过就是福楼拜和莎士比亚的宽宏气度，让我们得以用有别于对待那位医生的态度，对其网开一面。

5.

当报道悲剧事件时，新闻倾向于把骇人的行为描述为某个人的特有表现，而拒绝在受众中引起更广泛的共鸣，并得出更有益的结论——所有人离灾难都只有一步之遥。如果能够正确地意识到这一点，我们就能进入一种带有思考性的成熟悲伤。对于同胞的罪行，我们并不如自己想象的那样毫无瓜葛。之所以在犯罪记录上清清白白，很大程度上不过是靠运气和良好际遇，而并不足以证明情操的高洁。只有缺乏想象力的人，才会以为自己的良心真的洁白无瑕。假如生活（或者希腊人所谓的神）真要对我们进行验证，我们十有八九都不合格，这种认知是对罪责产生谅解所必不可少的前提。

古希腊的悲剧作家从来没忘记这一点。他们热衷于告诉我们，恶毒、愚蠢、淫乱、暴躁、盲目其实都与我们相距不远，但同时也为复杂的同情心留出了空间。通过他们留下的范例，我们被劝诱着承认，自己属于一个高尚但又带着瑕疵的物种，能够成就惊人的功勋，能够妙手回春，能够常年关爱孩子，而转过身却会因为一时鲁莽颠覆之前的人生。我们理应为此感到后怕。

6.

古希腊人每年只看一出悲剧，观剧固定在某一时节、某一场地，观众事前对作品的主要意图也有所了解。

而现如今，我们几乎每天都在接触悲剧性的新闻报道，但却很少感受到连贯的叙事背景，以及其中散发的道德感召力。对于种种失去自控、释放心魔的事件，新闻并不帮我们将其分门别类。新闻并未承担起应尽的职责，将各种恐怖传奇纳入“悲剧”这个统一标题，并选择恰当的陈述方式，以让我们更容易意识到自己身上癫狂错乱的倾向——其实和报道中血腥的主人公也就半斤八两。

父亲和儿子——就是在这辆汽车里，他杀死了自己的儿子

在与妻子埃丽卡结束十年婚姻后，彼得森先生未能适应离异后生活，竟然刺死自己的两名子女：七岁的本和六岁的弗雷亚，随后自杀身亡。周日晚间他刺死本和弗雷亚，其后两名孩子的遗体在其父亲身边被发现。这名父亲最近刚与四十三岁的妻子离异。在以“骇人”的方式疯狂刺死孩子之后，彼得森先生用更大的刀自残，三次刺中自己的胸腔，一次刺中前臂。彼得森先生驱车将孩子带到汉普郡偏僻的乡间小道，并在那里停下车。一名遛狗者看到彼得森先生的萨博两用车，继而注意到一条孩子的腿，从而发现了三具遗体。¶

《每日邮报》

7.

很多新闻说到底就是在讲述世界各地、在各种处境中走错路做错事的人。这些人未能掌控自己的情绪、克服自己的耽溺、判断是非对错，并在机会尚存时采取正确的行为。我们不应无视他们的失败，而放弃从中汲取教训的机会。新闻就像文学和历史，可以担当“人生模拟器”这种最重要的工具，将我们带入各种人生场景，让我们体验日常生活之外的情境，借此以安全和从容的方式，斟酌出最好的应对办法。

然而，新闻很少帮助我们从同胞的不幸中汲取教训，防止社会或个人在新的转折点犯下过去的错误。正如我们之前所探讨的，假如学习和效仿励志榜样确是实现美好人生的前提，那么，对那些令人恐惧和警觉的人事进行细致分析，也服务于同样的目标。这是成长与发展的一体两面，即便不出现在新闻的议事日程上，也是新闻分内的职责，以让我们从不同的方面得到帮助。

意　外

在德比郡，一位开车送女儿上学的父亲因为汽车在结冰的河面打滑而不幸丧生，几分钟后，其妻也在送儿子上学的路上坠入水中。两名子女和母亲成功从汽车内逃生，但尽管当地居民全力营救，父亲还是在送往医院后宣告不治。那位父亲当时驾着自己的丰田 Aygo 车在德比郡 A6 以北的一条马勒状的道路上行驶，汽车在驶离道路后沉入怀河。¶

《赫芬顿邮报》

1.

毫无疑问，这是个骇人的故事。死去的男子只有四十二岁，在朋友眼里是个“完美和慈爱的父亲、丈夫、兄弟和儿子”。更让我们惊恐的是，新闻报道里还描述了这家人在冰河里垂死挣扎的细节，提到左邻右舍奋力营救却徒劳无功，并且透露这对父母如何放弃寻常路线（更安全，更宽阔），而决定改走这条狭窄阴险的黄泉路。只要道路上有一片黑冰，就能毁掉一条生命。这种事在任何一个普通的早晨都可能发生。一月的某天，这起车祸占据了头条位置，时间长达几个小时（直到一架飞机在尼泊尔起飞后不久爆炸起火，于是将其取代）。

在坏消息中，灾难报道隶属于另一个类别，具备和悲剧同等的冲击力和热议度，但由于缺乏特定怪罪对象而有别于悲剧。导致这类不幸事件的并非主人公思想上的心理因素或干扰，而只是人类在灾祸面前的普遍脆弱，因为我们的身体不堪一击，大自然又风云莫测。灾难提醒我们，生命距离死亡，不过隔着一朵闪烁的火花，一种顽固的细菌，一片脱落的瓷砖或是一阵剧烈的狂风。

2.

这里存在着一项表面上的悖论：按照逻辑而言，我们理应在更喜乐的故事中得到滋养，感受更积极活泼的体验，从而获得勇气去面对生活，可为什么现实中我们却对事故报道如此感兴趣呢？

如果好消息发生在我们自己身上，其好处自然不言而喻，但要是幸运光顾的是别人，情况就完全两样了。而知晓陌生人的苦难，此间的效用虽然听似古怪，却也是不容否认。

也许在内心某个地方，人人都怀有悲伤和失望。我们悄无声息地掩藏了阴郁，而与此同时，周围的社会又在一刻不停地宣扬雄心和幸福、甜蜜的感情、蓬勃的事业、漂亮的胜仗，其中的大多数却与自己无缘。

在被这些关于美满人生的报道轰炸完之后，我们迫切需要灾难新闻来平衡内心的感受。这时，坠机、癌症、爆炸和火灾能够有效对冲我们自身的失败。灾难携带着一种广为适用、行之有效的信息：**遭罪是人类的常态**。我们的潜意识捕捉到了这层寓意，并将之用于领会自身的种种苦难（所谓的苦难可能也就是商业计划被否定或是被某个敌人伤害了自尊）。和事故中的牺牲者相比，我们遭遇的困难可能微不足道，但是这种比较在私下的作用却不可小视。他人遭受的痛苦之深，让我们得以对自己遇到的困难产生比较感。之前因为嫉妒或失意障目从而忘却了的基本保障，此刻又重新让我们心生感恩。不管自己有多失意，至少我们的亲人没有在车祸中丧生，自己也尚未染上致命的病毒，家里的房屋还依然安好无损。看过不幸的报道，我们可以对自己和他人采取更具建设性和慷慨的态度。说来荒谬，悲伤事件的报道既培养了宽容，也带来了希望。

3.

恐怖的事故还有种瞬间拉回焦点的功能。日常生活中烦扰我们的事情，多数其实与生命的终极意义无关，但这些压力却来势汹汹地耗尽了我们的精力。活生生的案例告诉我们，人终有一死，因而让我们质疑自己对俗世的耽溺。放在人生苦短的背景下，我们的某些顾虑实在不值一提，应该止住顾影自怜和轻佻肤浅的念头，把精力转向更加真诚和有意义的方面。

事故报道让我们谦卑，继而意识到：倘若生命果真这般脆弱，倘若谁都不能保证享尽天年，那么我们不再会浪费一下午和心爱的人吵架，或者为了鸡毛蒜皮的小事不肯原谅朋友，或者为了谋得一份并不称心的闲职而放弃真正的天赋。想到死亡，我们就会开始重新排列事务的先后顺序，让生命中更重要却容易湮没在日常烦恼中的部分浮出水面；让真正恐惧的事务亮出真身，以撬动内心的认

菲利普·德·尚佩涅，虚幻画派作品，约1663年

女子遭树枝砸伤瞬间毙命

周日，在伦敦西南部的皇家植物园“丘园”内，一根黎巴嫩雪松的树枝被大风吹落，砸中出生于新西兰的客户经理埃雷纳·威尔逊的头部，后者终告不治。突遭不幸时，三十一岁的遇难者正与两位朋友在此热门景点散步。据其朋友描述，他们听到一声断裂的巨响，然后才意识到有树枝砸落，于是迅速避开，但回头却发现威尔逊小姐躺在地上。救护人员虽奋力抢救，但受害者仍不幸当场毙命。家人表示“痛不欲生”。同事们也向这位职场上前途锦绣的“明星”表达了缅怀之情。其供职企业的人力资源经理劳里表示：“看到我们的同事和好友威尔逊小姐在悲剧中离世，此刻的心情无法言说。”¶

《每日电讯报》

知，去过真正该过的生活。

用对死亡的思考来修复生命的意义，这种想法其实由来已久。几个世纪以来，欧洲的权贵们习惯于在书房和寝宫放置骷髅头骨或骷髅画像作为装饰，其显眼的位置足以抓住任何人的目光。当筹划对敌人的复仇阴谋或是盘算对爱人的背叛时，骷髅头骨可以有效地打断思绪进程。

新闻就像现代版的头骨，为我们提供机会，让我们可以用他人的恐怖经历来警醒自己。这些报道甚至可以安上“虚幻画派[①]作品”的标题，这样，其中的寓意就鲜明无误了。如此一来，这些报道就不仅仅只是个人苦难的记录，而是可以帮助我们完成更重要的任务，按照各自真正的天赋和兴趣来度过余生中每一天，直到某片不测风云将生命夺去。

4.

但是我们也要留心，别让他人的遭遇对我们产生没有助益的反面效果，让我们非但没有在报道的促使下去关注被忽视的要紧事，还被转移掉了注意力，继而放弃深层的思考。新闻报道里那些灾难的规模、现场气氛和即时性让它们直捣受众意识的最前线，并在那

① Vanitas，一种象征艺术，原词出自拉丁语，意为空虚、松散、无意义的尘世生活和转瞬即逝的虚荣，头骨是常见的虚幻画派符号，象征死亡的必然性。——译者

尼泊尔坠机现场的大火

警方称，一架搭载着十九名乘客飞往珠穆朗玛峰的飞机周五在尼泊尔首都郊外起火坠落。机上所有人丧失，包括七名英国人和五名中国人。是日黎明时分，这架双桨飞机在加德满都起飞后不久，在朝着卢克拉镇飞行的过程中坠入该市机场附近的河岸。据目击证人描述，在飞机坠地前一瞬间，他们听到乘客尖叫，看到火苗从一侧机翼冒出，而机场方面称飞行员在起飞不久后报告了撞鸟事故。二十六岁家庭主妇图拉沙·波卡雷尔是首批出现在现场的群众，她说："我们可以听到机上乘客尖叫，但是我们也不敢朝机身泼水灭火，因为害怕飞机引擎会爆炸。"¶

法新社

里顽固地盘踞下来，等着我们每隔十分钟就去关注最新进展（新闻理所当然地责成我们这样做），以此掩盖那些虽不起眼但实则与我们的生活更紧密攸关的事务，并切断其发出的召唤。当某架飞机刚刚在尼泊尔坠毁，我们也许会情不自禁地进入空难调查者或惊恐家属的角色，而忘记了这起事件其实和我们并无关系——这一天的时间更应该用于自我反省，去努力揣摩微弱跳动的担忧，以便更好地开展有效的自我管理。

平衡的生活需要内忧外患的奇妙组合：我们既要体会他人事故中的普遍教训——知道生命是如何脆弱和短暂——但又不能过分沉浸于具体的情节，让陌生人的灾难成为我们逃避自身责任的借口或手段。新闻设法让我们在每次翻阅报纸时都遭遇痛苦和悲伤，而我们的态度应该是：既要记取，又不能纠缠。

我们太容易把感同身受与具备人性画上等号，而忽略偶尔保持麻木其实也是一种必要。我们的专注力与情感资源毕竟有限，如果对自己和身边依赖我们的少数人怀有深切和必要的关心，那么对其他人的同情和兴趣势必就要有计划地减少。这是一种正当的认知——所谓正当就是本质上毫无病态的认知。不管新闻想表达什么，也不管报道看起来多么紧迫、惊恐和感人，其中涉及的问题，并不总是与我们相干。

自　然

再过数小时，大纽约三州地区将会迎来破纪录的暴雪，并将遭遇超级大风。国家气象局向纽约全市、长岛、新泽西东北部、康涅狄格和韦斯特切斯特县南部发出了风暴预警。积雪厚度预计会在二十到二十四英寸之间，较大雪量集中在纽约市东部和北部。由于超级暴风雪可能迫使人们多日不得外出，人们忙着抢购囤积生活必需品，许多日用品商店的商品已被抢购一空。¶

哥伦比亚广播公司

1.

……天气多云温暖，多数地区夜间干燥，但仍有可能出现小雨或细雨，主要集中在东部地区……

正常情况下我们很少关注气象报道。天气大致按照自己的规律运行，因此不构成新闻的一部分。甚至就算我们去查询天气，也总是匆匆一瞥，显然没有追随约翰·康斯太布尔的楷模——1821 年至 1822 年间，这位老兄每天都在汉普斯特德荒野的山坡上花几个小时潜心研究天象，并绘制了一百五十幅笔法精确且极具美感的水彩、蜡笔和油画作品，以表现他头顶变幻不定的天空。这种专注的观测被他称为“望天”。

而我们的目光却总是投射给人间的戏剧，譬如谁谁谁被提拔了，债券价格是走高还是走低，预算僵局如何化解。至于头顶的大气变化，则被简化成气象预报员最喜爱的个别图标。与天空的微妙莫测相比，这些图标幼稚的概括，倒是与用三言两语概括复杂现实的新闻报道如出一辙。

2.

……暴风雪正在向东北方挺进，沿途20个州的1.6亿居民将受到威胁。

不过，大自然时而会用各种破坏性的事件来抓取我们涣散的心神，比如龙卷风、洪水、暴风雪、海啸或别种地方性灾难。

以这场暴风雪为例，气象预报员已经就其移动路径进行了准确的测绘。在国家气象中心，一台 IBM Power 7 超级计算机，以每秒最高千万亿次的处理速度，将冰雪幽灵紧紧地掌控在视线之内。不过，即便气象专家对天气变化进行了预测，也无法改变大自然严酷的意图。

七个大型机场将被关闭，约八千次航班将被取消或延误。地区内主要高速公路将全线封闭，学校将停课，电力供应也将中断。

新泽西州州长在电视上露面，称这场暴风雪是“迫在眉睫的灾难”。但暴风雪的影响不仅仅只有这些，它还带有某些独特且并非完全令人不快的特质，犹如一场速战，而胜利属于我们这方。

3.

……康涅狄格州北迦南在凌晨遭遇停电，包括孩童在内的所有居民被迫由救援部门撤离到附近的汽车旅馆，并至今未能返家……

约翰·康斯太布尔，《云的研究》，1821 年

从某种角度而言，生活就是由突发事件组成，但是表面上我们还必须努力维持风平浪静。任内心焦虑如何扰动，我们必须以微笑示人。如果他人向你问候，还得打起精神给出积极向上的回答。而风暴暂时打断了这种粉饰。屋外狂风大作，让我们可以堂而皇之地担忧，更过瘾的是，我们可以明目张胆地将担忧指向身外那些更庞大、客观和相对单纯的事物——因为说到底，挖掘、救援、保护和重建都是单纯的工作，而独自面对寻常日子里看似波澜不惊的挑战则要复杂得多——比如挑起谋生的重担、维持夫妻感情、养育听话的孩子、珍惜我们的苦短人生。

风暴也将使我们重新开始与他人的关联。平日里，我们摸不清别人的心思，但是此刻我们却有了和任何人联系交流的充分理由。通常我们对于他人的成见主要由新闻报道形成，让我们认定所有人不是杀人犯就是恋童癖，但风暴颠覆了这种感觉，此刻我们发现，人人都会把发抖的小狗拥入怀中，给回不了家的人递上热汤，或将陌生人的越野车推出雪堆。白茫茫天地间，所有人的价值在救援中得到了体现。对人与人之间的相容要求也降到了极低的位置，实际上或许本该如此。就像我们喝醉酒的时候，会觉得哪个人看起来都可爱至极。

4.

……据报道，阿勒格尼国家森林附近以及杜波依斯和斯利珀里罗克周围出现了最强降雪……

有些以偏僻乡间为主题的诗歌，描写的是我们可能从未踏足，甚至不曾听说的地方。想到这些地方，浮现在脑海的是拙朴的艺术作品——表现遥远的农场，水塔，绘上油彩的粮仓——那是一种关心牲口和花卉，悠闲度日的古早生活方式，令我们无知而又过于依赖科技的城市生活相形见绌。

5.

……官员宣布雪盲情况已迫使机场彻底关闭。早前，雪情曾导致流量减缩到一条跑道，而地勤人员在雪盲情况下无法看见彼此。

一切都颠倒了。平日里冲向三万五千英尺高空的飞机，如今一架挨一架地列队空等，在厚厚的积雪下动弹不得。一名飞行员拿着铲子作秀，假装要挖出埋在雪中的空客A320。某保险公司的总部停了电，素日里一本正经的员工跑出来堆雪人。某时尚酒店的水管结了冰，客人们只好走出自己尊享的奢华客房，跑去附近某个亮堂堂的溜冰场。

大自然让所有人看到了自己的渺小。如果让我们感到渺小的是某一同胞，我们通常会产生抗拒，但是如果被比自己强大太多的力量证明一己的微不足道，却丝毫不会令人羞愧。平日里，我们上紧发条关注周遭的每一丝响动，不眠不休地与他人比较得失，可一旦发现还有远远凌驾于人类之上的力量，由此感到解脱也未可知。

古时候，我们会在神的旨意下觉察到自己的渺小。神明会打消我们的痴心妄想，用雷鸣般的声音警告我们不要越过雷池。然而在这个世俗的年代，这种职责被交由大自然，尤其是所谓的“恶劣天气”来承担，并由新闻来负责传播。现在，只有等压线和冷锋在提醒我们，尽管有智能的机器和独创的手段，人类终究还是脆弱的，并且有时候只能束手就擒。我们可以焦躁和抱怨，但面对突如其来的气候假期，除了接受也别无选择。

在美国东部沿海地区，移动基站瘫痪，电力中断，卡车被困，超市关门，大雪降落在中央公园，莫霍克森林的松树枝头积雪不断增厚。这是一场灾难，一场浩劫，是十年来最严重的风暴。新闻说得没错，但它可以再加这样一句：灾难也是一种智慧的教训。井然有序的现代技术社会里，充斥着你争我赶的自大主义，已经对大多数人产生了相当的伤害。因此，当看到这个社会也会被大自然不留情面地摧残，我们其实并不会太过介怀。

健康新闻

长久以来，红酒和绿茶一直被鼓吹成抗癌武器，现在，新的证据表明，两者中的化合物可能有助于预防阿尔茨海默症。高校研究人员发现，绿茶中的天然化学物质茶多酚（*EGCG*）和红酒中的天然化学物质白藜芦醇（*resveratrol*）兴许可以阻断阿尔茨海默症形成过程中的重要步骤。通过使用提纯的茶多酚和白藜芦醇提取物，研究人员可以干扰有害蛋白质块依附在脑细胞之上的过程。¶

加拿大电视台新闻

1.

虽说新闻将大多数精力用于告诉我们，最近各种人以各种可怕的方式离开世界，但在命名为“健康”的板块，新闻承担的却是完全不同的任务。在这里，新闻搜集各种信息以让我们更加长寿，甚至与天齐寿——虽说这一点不会被直白地道出。新闻向我们介绍的科学家，似乎永远都处在彻底改造生存的伟业中。他们忙于发明可以游走于人体静脉的微型机器人，合成调节情绪的药物，绘制基因图谱，克隆人体器官和四肢，重新评估日常食品药品的利弊，特别是红酒、橄榄油和阿司匹林。

2.

生活在现代化的社会，身处新闻高奏凯歌的今天，我们一再得到这样的提醒：拜科技所赐，改变和进步的出现日新月异、势不可挡。这也是为什么我们必须时时刻刻追踪新闻的原因之一：因为随时都可能出现从根本上改变世界的惊人发展。时间就像是一支飞驰的箭，追随着一道变幻莫测却急速攀升的轨迹。

而在现代社会之前，人们把时间视为车轮。生活循环往复，别无他路。最重要的真理都会重复出现，并且这样的循环无可避免也无法打断。在当时，即便存在能让人随时获得消息的技术，人们也没有这样的心理需求。在将时间视为车轮而非弓箭的社会里，人们察觉不到每隔一刻钟查阅新闻头条的紧迫性。

3.

而相比古人，我们对未来更不耐烦，也更乐观。健康新闻的言外之意是，也许有朝一日，科学将为一切问题找得解药，包括死亡。

倘若这种秘而不宣的断言是板上钉钉的谬论倒好办了，但实际情况却是复杂得多。也许再等上七八百年，我们终会解开衰老和疾病的谜团，但你我终究是等不到这一天了。我们的一生，注定只会遵循老祖先经历过的那个循环。

尽管新闻对于恐怖题材总是兴致饱满，就关于“健康”的报道而言，却拒绝采取过于冷酷或黑暗的语调。新闻不断用几近迷信的崇拜描述有关红酒、基因疗法和食用坚果之益处的最新发现，就像虔诚的天主教朝圣者抚摸抹大拉的马利亚胫骨以期得到神明加持，两种做法如出一辙。与直面肉身衰老这种无可避免的事实相比，新闻宁愿大肆报道新近发现的关于喝西柚汁和穿紧身棉袜坐长途飞机的功效。

虽然新闻喜欢报道谋杀和爆炸，对于人类的正常死亡却抱着毫无助益的胆怯态度。新闻倾向于将死亡描述成一种掀起高潮的奇观，这就使我们无法将之作为日常现实予以接纳。新闻带着我们从爆炸场地匆匆赶往冒烟的坠机现场，但对耄耋老人心跳停止这样的寻常事务却从不问津。

在宗教被新闻替代之前，帮助人类做好面对死亡的心理准备，乃是宗教的核心使命。即便到了世俗时代，我们过去带着前往礼拜堂的心理需要和恐惧也并没有消失：对于生死的命题我们仍然备感焦虑，并渴望得到与之相关的慰藉。但这些情感需求却并未得到公开的承认，于是便在子夜时分向我们袭来。而在每天更具实用性和功能性的时段，新闻却在以极大热情将我们的注意力导向新型抗癌食谱，比如多吃蓝莓，比如每日一匙核桃油。

VII.

消 费 新 闻

Dining, Travel, Technology...

The chopped liver on crostini had a wintery smokiness to it, as did a fold of flat bread, scorched on a griddle to black in places, then layered with slices of garlicky wild mushrooms. Best was a fritto misto of squid, anchovies and prawns in batter... As the chef here used to cook at nearby Bocca di Lupo, it was no surprise that the crumbly, coarse Cotechino sausage with braised cabbage and mustard was outstanding.,

Observer

餐饮，旅游，科技……

脆面包片上的肝泥带有一股隆冬的烟熏感，那叠烤盘烤制、略带焦黑的脆面包亦是如此，上面铺着蒜味野菇片。最棒的还是面拖鱿鱼、凤尾鱼和对虾。这里的厨师长以前曾在附近的狼口餐厅（*Bocca di Lupo*）掌勺，难怪那道脆皮粗粒熏猪肉香肠配炖白菜和芥末是那么出色。¶

《卫报》

1.

新闻与“消费社会”的运作密不可分。每天，这部分内容占据了不容忽视的份额，向我们介绍餐饮、旅游、科技、时尚、汽车和家居用品领域的各种商品和服务。新闻希望在这些方面防止我们犯错，并作出更明智和有成就感的购买选择。

对于这种消费的欲望，某些人群相当嗤之以鼻。现代人追求远远超出生存所必需的商品，这种欲望经常被指肤浅、破坏地球、徒劳无益、贪得无厌，归结成一个词就是：**物欲横流**。

然而，鉴于社会资源中有惊人的份额被用于制造和销售非必需商品，因此确保我们的消费行为尽可能正确，或许也不是一件无聊的工作。在帮助我们花好钱这个问题上，新闻肩负着严肃的任务。

2.

新闻在依照自己设定的任务撰写简报时，通常倾向于调查和报道三件事：第一，市场上有什么商品；第二，这些商品售价多少；

等待评头论足的整条海鲷鱼

第三，这些商品有何优缺点。

基于这些目标，新闻派遣记者前去餐馆品尝由梨子、戈尔根朱勒干酪和菊苣做成的沙拉，去酒店体验周末温泉套餐，去消费电子博览会评估新的智能手机浏览器和相机。

这些事情无疑都很重要，但将消费者新闻局限于这些实用调查，乃是忽略了一个要害，即：对于这些并非必需的商品，我们最初的购买动机是什么？新闻调查所涉及的多数商品都不是必需品。在购买这些商品时，物质满足显然并非唯一需求，甚至都不是主要需求，牵引我们的乃是一种更深层的无意识渴望，希望自己能够因此完成某种形式的心理转变。我们不仅希望**拥有**这些物品，而且希望通过拥有物品完成自身的**蜕变**。一旦我们以充分的关注和大度来研究消费者行为，就会清楚地发现：我们完全不是无可救药的物质主义者。这个时代之所以变得独特，是因为我们想要通过获得物质来实现各种复杂的心理抱负。

3.

这道烤海鲷摆上朴素的木桌，配着格子餐巾和陈旧的厚重刀叉，给人自然而满足的享受。鱼肉烤得恰到好处，除了少许海盐片、一些欧芹末和一块柠檬，不添加任何调味……

我们之所以想要前往本市新开张的餐馆，表面上是想大快朵颐，但这种欲望里，主要甚至压倒性的成分乃是一种较不世俗，也更为微妙的心理基础：想要吸收餐厅本身所代表的价值观。我们（模模糊糊地）希望自己的气质如同这家餐厅：放松、尊贵、欢乐、易于满足，既和自然合拍，又与他人融洽。我们在菜肴、服务和装饰中隐隐约约感受到这些抽象优点，懵懵懂懂地幻想：待消化了撒上欧芹末，并加上扁豆、罗勒油和布拉塔芝士的海鲷鱼，我们自己也能获得相应的优点。

> 82 间客房全都面对蔚蓝的海湾。 酒店前面是个清净的巨大游泳池，每天清晨，园丁在水面撒满鲜花。空气中弥漫着芬芳，连微风都轻柔得恰到好处……

同样，对于这间风平浪静的酒店，我们的心愿不止是在其中待上几日，而是在寻找合适的环境，以帮助我们自己成为风平浪静的人。我们出国旅游不仅是为了看别样的风景，还希望用外部景观重组内心世界。

> 智能手机能以极速发送数据，拍摄高清图片，理解语音指令，庞大的存储足以装下整个图书馆……

以类似的逻辑，我们购买手机也不仅出于实际需求，而是也想拥有这部手机的一些特征，变得更加理性、优雅、能干和精确。

4.

鉴于消费的本质较表象更为复杂和有趣，消费新闻应该重新审视其对受众需求的潜在假设。

目前，在斟酌购物选择时，我们习惯于被这些标题引导：

餐饮

旅游

科技

时尚

然而，如果以更丰富、合理的方式评估我们的需求，消费新闻报道应该被归成以下的标题：

合群

淡定

韧性

理性

下馆子、出国旅行和电子设备虽然很容易唤起消费的欲望，但如果把这些当做终极目标，分明就是误导。这些事物只是附属品，附着于更大的心理目标。对此，消费新闻调查应予以正确的关注。

5.

在未来，理想的消费新闻不会站到物质王国的对立面。尽管一些学派认为，体面生活不应给任何形式的物质主义留有空间，但现实中的情况却要复杂得多。物质为心灵的追求提供了具体的目标，让我们找到前进的方向。一部意大利城市小轿车讲述的是得意的调皮姿态，钛金属台灯暗示的是浓缩为精华本质的忙碌生活，徒步登山度假是在宣布向犹豫和脆弱告别，以及全新自我的诞生。

对于这些事物，购买行为本身并不会带给我们其所代表的精神状态。但这些事物可以为我们提供一个令人鼓舞的目标愿景，从而鞭策我们努力向前。无论如何，消费主义注定**不会**是纯粹的浪费金钱。

宗教素来懂得这种双重性。在试图以灵性方式影响其信徒的同时，宗教也重视仪式的功能，强调用特定的食物、服饰、旅行和室内装饰塑造灵性。例如，禅宗建议其信徒不仅要诵经祈祷，还要用各种青瓷器装点房间，并借助这些器具来促进冥想，以强化对简朴和无我的认知。这样的购买建议不含有现代西方社会的假设，认为只要拥有一个漂亮的罐子就可以改变某人的性格，但也明智地认识到，以正确的方式面对正确的罐子，确能对思想精进产生颇具价值的贡献。

在世俗领域，我们也同样可以认识到，物质有时确能给我们带来巨大的鼓励——例如，一件新外套让我们欣喜地瞥见更加自信的自我，一组简朴的餐具可以让我们的举止更为沉静。但与此同时，我们需要记住：期盼中的转变不会单靠购买行为而发生。对于盘旋在物品上方的诱人光环，我们必须完成全方位的功课，才能汲取其中养分，完成自我转变。

在理想的消费新闻板块，“自信”和“沉静”这样的标题，将给我们提供各种概念选择和物质选择。这样我们就会知道，要达到理想的心理目标，是该听一段音乐、读一段古史、研究某个哲学流派还是进行某种思想训练；同时我们也会看到契合我们理想外表的物质选择，也许是某款夹克、一趟出国旅行，或是一把舒适的扶手椅。

6.

由于我们纵容了消费活动与深层需求的背离，购物行为也就不会服务于心理目的。消费新闻当初助长了这种分裂，如今也可以帮忙予以纠正，因为在很大程度上，是媒体在灌输观念，告诉我们应该购买何种物品以满足何种需求。新闻媒体在提供选择时所使用的类别、语言、定位和暗示，强烈地影响着我们该买什么、该做什么。调整消费新闻的分类标题，这事情虽然看似微不足道，一旦实施，却能够引导注意力投放于真正的需求，而非不成熟的欲望。对于这些地球疲于生产、我们疲于买单的物品，我们可以正视其背后的动机，从而有可能成为消费新闻一直期望我们成为的那种人——快乐购物者。

文 化

春天已经来临，最好的展览、表演、书籍和活动也随之而来。请跟着批评家和作家的脚步，领略本季的亮点建筑、文学、电影、艺术、舞蹈、戏剧，以及爵士、古典、流行和乡村音乐。¶

《洛杉矶时报》

1.

我们生活的时代，文化之丰富可谓前所未有。人类每年制作三万部电影，两百万册图书，十万张专辑，造访博物馆或美术馆的游客多达九千五百万。

如同许多其他的领域，由于时间有限，我们在文化领域也不得不有所取舍，因此新闻媒体在塑造我们的口味时，也发挥着重要和权威的影响。文化新闻的任务是在创作洪流中进行筛选，以引导我们欣赏当代最好的艺术作品。文化新闻在艺术和受众之间促成一对对美好姻缘，担当的角色不亚于媒人。

2.

从远处观望，评价和推荐艺术作品的行当似乎是一种直截了当的工作，但为了要在工作中注入适当的抱负和连贯性，新闻机构就必须回答一个宏大，同时也很狡黠的问题：艺术的根本目的是什么？

现代世界趋于一致同意：艺术的重要性几乎接近于生命的意

义。这种拔高的称颂使之吸引了相当多来自国家及私人的资源投入、无数以艺术之名的牺牲，以及在公共与私人生活中的大量关注。

尽管得到这般尊重，艺术特殊地位背后的原因却往往流于假定，而缺乏明确的阐述。艺术的价值被认为是常识问题。如果有人问：为什么我们要费心去读书、听音乐或欣赏画作？这无异于把自己放置在风口浪尖，惹来放肆无礼，或者爱钻牛角尖的评语。对于这样的问题，所有的聪明人似乎早就找到了满意的答案。

然而，如果还没有展开充分论证，并清楚地探讨艺术目的，就把某部电影新片描述为“非看不可”，或把某本新书描述为“杰出作品”，显然是不可能的。

3.

其中一项理论这样认为：艺术（此处包括文学、音乐、电影、戏剧和视觉艺术）是一种治疗性的媒介，帮助指导、规劝和安慰其受众，协助他们进化成更好的自己。

艺术是一种工具，帮助我们应对众多难以应对的心理弱点，如缺乏自我理解、无法自我解嘲、难以同情和原谅他人、无力接受不可避免的苦难、难以保持乐观、无法欣赏平凡的美好、无法从容面对死亡。

面对众多的类似缺陷，艺术为我们提供了治愈的力量。例如，一本诗集描绘出我们觉察已久却从未理解的情感，一出喜剧撼动我们自以为是的愤慨，一张专辑给我们带来希望的原声，一个剧本把恐怖事件变成悲剧，一部电影为爱情指点迷津，或是一幅油画让我们更加优雅地接受衰老和疾病的现实。

4.

反过来，这种明确的艺术治疗理论也暗示了文化新闻的目的，亦即文化新闻应该引导我们的灵魂走出孤独困惑、恐惧受损的状态，去接触那些最能帮助我们茁壮成长的文化作品。

文化记者应该扮演药剂师的角色，从浩如云海的成果中，拣选出那些最有可能缓解受众内心阵痛的作品，将艺术的宝库当作一个巨大的药房。

在评论的末尾，最好还附上药盒上的那种标签，告诉我们某件作品适用于何种情境，以及背后的原因。评论家会意识到，他们的分析对于受众的内心需求具有重要的指导意义，因而会像心理医生开处方那样书写评论。

如果能从治愈的角度制作文化新闻，则当个人遭遇困难时，就能借助艺术来减轻痛苦。比如阅读小说以渡过自己的情感创伤，欣赏绘画以恢复心神宁静，看适当的电影以走出消极情绪或摆脱轻浮态度。同时让我们在面对数以百万计的艺术作品时，不再像现在这样，觉得似乎没有什么东西可以引起共鸣。

在这种更具抱负的文化新闻的帮助之下，在关键时刻，我们就能获得新的能力，减少一点刻薄和哀怨。

5.

凭一己之力难以找到需要的艺术作品，这件事说起来既怪异又辛酸，因为人类历史从未像今天这样拥有如此多接触文化的途径。技术发明让我们得以自豪地获取数以百万计的书籍、电影和图片，不仅速度惊人，而且成本低廉，但是我们发现，接触眼花缭乱的海量作品，和知道哪些作品可能适合我们，完全不是一码事。到目前为止，我们已经竭尽全力促成了艺术的普及，但在将受众与最适合他们的作品进行匹配方面，我们还处在起步阶段。

一定程度上，这种落差需归咎于新闻，因为新闻占据了文化洪流的源头位置。这个领域和许多其他的领域一样，呈现给我们的信息五花八门，因为记者在决定报道次序时，并不是依据对心理需求的细腻揣摩，而是顺从出版机构、电影和博物馆行业的宣传档期。评论页面的末尾，总是可见畅销书排行榜或者电影院上座率，仿佛单凭流行程度就可有效判定，自己接下来该读些什么、看些什么。

此外，更加有害的是，文化新闻还留出大而无当的篇幅，用于攻击批评家们认为低劣的艺术作品。虽然这可能是项趣味盎然的观赏性活动，但却无助于其更有益的任务——为忙碌而焦虑的受众找到真正有益的作品。花费大量口舌，告知公众这些他们也许根本没听说过的作品，只是为了饶有兴趣地建议受众予以彻底忽略，这无论如何都不像是明智之举。

总之，如果邂逅作品的时机不当，就算作品本身具备合理的价值，却仍可能无法引起共鸣。我们可以找到那些对己有益的“伟大”的书籍、电影或展览，但却仍感到冰冷、乏味，并因此充满惭愧，概因批评家未能如药剂师那样，就作品适用的症状作出充分或巧妙的解释。说来令人尴尬，艺术作品的大部分甚至决定性的潜在价值，都取决于受众的心理状况。只有在其内容与受众内在需求同步的场合，才会闪耀出金风玉露般的光芒。承担药剂师的职责，去识别和推广这种匹配关系，正是文化新闻应该培养的能力，如此，文化新闻才能为人类提供最强大的精神疗法。

VIII.
结　语

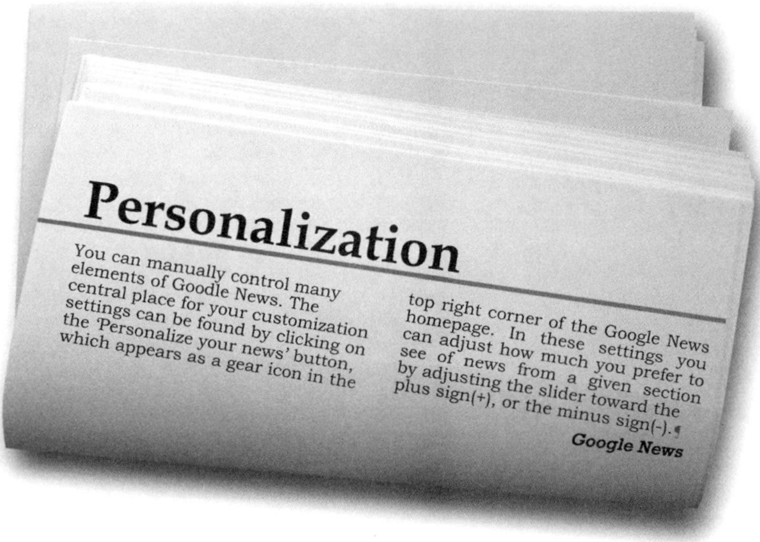
Personalization
You can manually control many elements of Goodle News. The central place for your customization settings can be found by clicking on the 'Personalize your news' button, which appears as a gear icon in the
top right corner of the Google News homepage. In these settings you can adjust how much you prefer to see of news from a given section by adjusting the slider toward the plus sign(+), or the minus sign(-).¶
Google News

个人化

您可以手动控制谷歌新闻的众多元素。单击“个人化新闻”按钮，可找到位于谷歌新闻主页右上角的齿轮图标，找到定制版面的设定中心。运用这些设置，您可以通过按加号（+）或减号（–）滑动条，来按您设定的优先顺序调整新闻版块。¶

《谷歌新闻》

1.

曾几何时，我们对新闻的态度是来者不拒——三十版的报纸或半个小时的新闻简报全然不在话下，并且相信，负责提供新闻的人利用各种手段、多多少少地捕捉到了世界上最重要的事件。现在，技术的发展告诉我们：这种认知并不确切。我们意识到，新闻的供应几乎无穷无尽，每天产生的图片和文字都以艾字节（*exabyte*）计，报纸和新闻简报只不过是赶稿的编辑们在信息沧海中随意打捞的一粟，其日复一日的工作不过就是猜测所谓的“普通读者”想要了解些什么。

无可避免地，他们猜测的也不总是正确。也许对西非某场战争或某项费解的债务偿还计划进行了太冗长的报道，也许高估了我们对某场豪华婚典或加勒比飓风的兴趣。我们可能会觉得，自己是在被强迫进食并未点单的菜肴。

但是情况就非此不可吗？未必。科技的发展向我们承诺，只需将自己的口味告诉电脑，就可在当天数据中自动筛选出为我们量身定制的新闻简报。新闻的供应不再由编辑时常错误的假定所主导。我们也将迎来个人主义的乌托邦：有多少种受众，就有多少个新闻频道。

2.

不过，放弃客观的编辑指引，也会产生令人担忧的可能性，因为这将带来一个新的问题，即：我们之中有多少人真的知道自己需要什么样的新闻？

作为成年人，要想在现代民主国家过上良好的生活，就必须习得各种知识，来帮助我们维系道德品行、自知之明和身心安全，并帮助我们有效地履行各项公共和私人义务。然而，其中有些知识可能乍看之下并不诱人。当规划摄取新闻的责任落在自己肩头，我们恐怕会回避那些对自我成长有重要意义的信息，而这显然也是一种风险。“个人化新闻”也许非但没能帮我们开发出丰富而饱满的个性，反而加重了我们的病态，沉淀了我们的平庸。

试想，要是个人化新闻发生在对政治毫无兴趣的玛丽皇后身上，她会恨不得二十四小时都紧盯时尚和娱乐板块。五千法国子民在雷恩挨饿的报道，很可能会被她扔在一边，而转去关注勃利公爵夫人的聚会上的宾客着装描述。这种轻重缓急的次序，只有到了1793年10月才会成为一个问题——这一年皇后被送上了断头台。

或者，设想有人想要竭力回避嫉妒情绪，而新的技术让他得以屏蔽所有关于成功人士的报道。没有了那些他称之为“愚蠢报道”的折磨，他也许会觉得解脱，但也可能错过一些虽感觉不舒服但却关键的线索，以助力自己的成长和未来发展。

另一种程度相当，但方式不同的狭隘是：还有一些人只想了解欠发达国家的悲剧。但问题在于，这种对饥饿和屠杀的独有关注并非出于真诚的人道主义关怀，而是被用作方便而高贵的借口，以开脱对身边那些虽不至缺衣少食，但也同样需要帮助的人们的漠不关心。

只有当受众对于自己的需要有高度成熟和全面的认知，个人化新闻较当今编辑制度的优越性才会得到体现。不过要达到这样的目标，在接近定制新闻的按钮之前，必须要对自己的灵魂了如指掌。只有完成了大量的自我反省后（也许还需要精神分析学家的帮助），才能做好准备，去设置个人新闻引擎上的刻度，知道自己需要什么样的报道以挑战戒备心、扩大视野、激发适当的嫉妒。个人化新闻就像通向更多选择自由的关口，只会凸显明智选择的困难。

3.

个人化的议题让我们回到本书花相当篇幅探讨的问题：理想的新闻应该是什么模样？新闻需要关照什么样的深层需求？新闻如何

才能以最佳方式充实受众的心灵?

于是本书审视了六类新闻，试图定义其应该产生的作用。

政治新闻

面对现实生活中各种来袭的干扰和困惑，政治新闻应该引发我们对社会复杂构造的兴趣，帮助我们明智地点燃改革热情，同时冷静地接受某些难以打破的局限。政治新闻应该在受众的脑海中创建一个圆融、包容的国家，唤起我们的自豪骄傲和集体共鸣。政治新闻的监控对象不仅应包括个体当权者，也应覆盖阻碍社会发展的系统性痼疾，同时认识到，其评论对于所涉及国家的价值观有重大影响。

国际新闻

这个类别应该打开我们的视野，以了解异国他乡的生活本质，而不仅是呈现血流成河的危难时刻，以此阻断我们的同理心和鉴别力——听起来有点自相矛盾。国际新闻应抛开对中性语气的痴迷，为我们描摹丰富、感性，间或带有个人色彩的画面。借用旅行文学的某些技巧，并大量采用优秀的新闻照片，将异国他乡的形象赋予人性，以让我们摆脱全球化带来的狭隘。

经济新闻

理想情况下，这个类别不仅说明当前的经济发展，而且会调查众多明智且可行的理论方法，以构建更理智、更充实的市场资本主义，从而消减不必要的犬儒主义和不成熟的愤怒。此外，经济新闻也应表现产品背后的企业百态，而不局限于提供投资者所需要的冰冷的经济数据，从而激发感恩、义愤、内疚、敬畏等积极情感。

名人新闻

这个类别的新闻会带领我们认识当代某些最令人钦佩的人物（以成熟细腻的标准为评判），并引导人们学会如何从榜样身上汲取灵感和建议。名人会让我们产生建设性和有节制的羡慕，用榜样的勇气和毅力，来帮助我们了解自身具备但却羞于展示的才华。不过，名人新闻也会提醒我们：要想化解对名声的渴慕，最好、最彻底的办法，无疑是建设一个能将善良和尊重慷慨撒播的世界。

灾难新闻

他人的悲剧应该让我们警醒，其实道德沦丧、狭隘或暴力的行为，距离自己也不过一步之遥。当我们看到发生在陌生人身上的种种冲动后果，应该感到害怕和同情，而不是傲慢和自以为是。另外，每天击垮人类同胞的众多事故，应该让我们领悟生命危在旦夕，从而明白：对于每一个平静安宁的时刻，我们都应待之以感恩与宽容。

消费新闻

这一领域的新闻应该提醒我们，在竞争激烈的商业社会中，要通过花钱来产生真正的幸福是件多么复杂的事。因此，消费新闻应该巧妙地引导我们，去追求最能满足我们内心深处对于圆满人生渴求的物品和服务，以及相关的精神活动。

4.

但即便接二连三发生奇迹，使得新闻有朝一日能圆满达成所有上述目标，仍有很多理由让我们继续保持谨慎的心态……

心　声

假如我们读到一个人遭抢劫、被谋杀或意外丧生，或是一幢房屋着火、一艘军舰失事、一条汽艇爆炸、一头母牛在西部铁路线上被撞、一条疯狗被宰、一群蚂蚱出现在冬季……类似的新闻就无需再读……就英格兰而言，这个地区最近的重大新闻爆料当属1649年革命；假如你已掌握了该国年平均作物收成的历史记录，你绝对无需重复关注那种事情，除非你的算计纯粹是出于金钱考虑。假如一个人有头脑，即使很少看报纸，也知道国外从未真正发生过什么新鲜事，就算法国大革命也不例外。¶

亨利·戴维·梭罗，《瓦尔登湖》，1854 年

1.

我们祖先生活的社会，变化委实不多——而一旦发生任何改变，就可能非常重大甚至危及生命。在此背景下，我们继承了一种面对新奇事物的认知缺陷：条件反射地认为，新生事物必定值得重视。

但事实并非总是如此。要想在新闻一统天下的时代保持清醒，就必须看到“新奇”和“重要”的范畴虽有重合，却仍有关键的区别。

当我们感到紧张、想要自我逃避，有什么方案能比投入新闻的怀抱来得更好、更过瘾，又更**体面**？新闻提供了理想且认真的理由，让人得以顺理成章地抛开许多可能比新闻重要得多的事物。我们心甘情愿地放弃了自己的所有责任，去聆听种种庞大而紧迫的问题，如巴西的债务、澳大利亚的新领袖、贝宁的儿童死亡率、西伯利亚的森林砍伐和克利夫兰的三人谋杀案。

2.

以当代新闻的规模和普遍性而言，粉碎我们的独立思考能力不是难事。在某国际新闻机构的欧洲控制室，我们会看到近五百人坐在昏暗的巨大水泥楼宇内，其间装点着通过光纤连通世界各个角落的屏幕和公告板。每天流入这个大楼的数据量，比整个人类从苏格拉底去世到电话发明的两千三百年里产生的总量还多。从光纤传来各种报道，例如危地马拉的地震、刚果的谋杀、赫尔辛基的获利警告、安卡拉的爆炸，覆盖了你能想到的任何主题、任何区域：不管是布基纳法索的选举还是越南的儿童死亡率，不管是加拿大的农业补贴还是力拓集团的非洲战略，不管是普拉达的秋季新款还是苏黎世的中餐厅。看时钟，现在是喀土穆的午后，但拉巴斯仍在晨光中。这种感觉好比身处大型国际机场的出发大厅，让人恍如抛开了一切乡土的、根深蒂固的、发展缓慢的事务，而置身疯狂、失重的全球化时空。我们确凿无疑地生活在当下这个迷失和随机的时代，在新技术的帮助下，我们得以摆脱故乡的牵连，扬弃大自然的节律，在巨大的城市里，清楚地感知到周围数百万同胞的存在——彼此同样癫狂，又各自背负着不为人道的不幸、野心和怪癖。

新闻更新的脚步从不停歇。不管昨天的新闻多么重大——山体滑坡，发现半裸年轻女尸，往昔风云政客的今日落魄——次日清晨，所有的混乱喧嚣就会全部重来。新闻机构的这种制度性健忘，类似医院的急诊大厅：每个晚上，当天的血迹都会被拭去，连同死者的记忆也一并抹去。

有时不免遐想，报道的洪流会不会暂时干涸；人类有无可能通过某种非凡的协调机制，一致在某年某月的某一天谨慎行事，从而让世界平安无事。世界各地的凶手都能推迟他们的计划，莽撞的泳者不去下水，淫乱的政客专注整理自家的草坪。不过，新闻的监管者永远不需要害怕这样的情形。统计数据将向他们保证，任何二十四小时内，都有三千人不经意地死于世界各地的道路事故，四十五人在美国各地遭遇谋杀，四百场火灾在南欧各地的住宅发生，还不包括各种新颖和无法预见的创新型致残、恐吓、偷窃和爆炸事件。

3.

内省从非易事。因为内省旨在揪出潜藏在我们内心的无数艰难真相。当我们在酝酿特别尴尬但可能具有重要性的想法时，我们最是在不遗余力地逃避内心。此时，我们的意识便落入了新闻手中。

我们应该察觉到，新闻作为内省的敌人，是何等心怀醋意，并且希望变本加厉地与之作对。新闻供应者恨不得把屏幕安装在我们的座椅靠背、把接收器嵌入我们的手表、把手机植入我们的头脑，以确保我们时时连线，总是知晓正在发生的事情，并且永远不感到孤独。

然而，如果自己首先不能具备耐心，像助产士那样守候个人思想的降临，那我们也拿不出什么实质性的东西提供给别人。

我们需要长途火车旅行，远离无线信号，也没有书籍杂志可以阅读，置身空荡荡的车厢，朝向广袤的风景，只听见车轮摩擦铁轨发出的有节奏的声响。我们需要飞机旅行，选一个靠窗的座位，在离咋舌的寒冷仅数米之遥的地方，于三两个小时内只能看着云端，以及宽大的烟灰色机翼下悬挂的劳斯莱斯引擎，以其纪律和勇气推动我们的飘浮思绪。

4.

要让人性变得圆满，其中所需要的某些素材在当下无法找到。有些态度、意识形态、情感模式和精神哲学，必须穿越数个世纪追溯到过去，穿过图书馆的走廊，经过被遗忘的博物馆橱柜，走进遍覆青苔的破败寺庙，因为答案也许夹杂在二手书页面上已故主人的注释中，也许隐藏在一套套生锈的中世纪盔甲中，或是供奉在一座座祭坛上。除了紧盯屏幕上日新月异的像素，我们也需要翻翻厚重的精装书——透过其装帧和前电脑时代的字体，一个声音在宣告：昨天说过的道理，在明天仍有一席之地。

5.

新闻让我们感觉自己身处无与伦比的重要时代，到处充斥着战争、债务、骚乱、失踪儿童、首映后派对、公司上市和流氓导弹。偶尔，我们也需要上升到想象中的空间，远离某个特别的会议、某场特别的瘟疫、某种新款的手机、某场惊人的野火对我们的影响，飘离地幔数公里。当面对浩瀚银河所代表的亘古时光，即使是最棘手的问题也会得到化解。

6.

偶尔，我们应该放下新闻，把眼光转向那些拙于表达的物种：红隼和雪雁、蜘蛛甲虫和黑面叶蝉、狐猴和儿童——关注这些无心进入人类剧情的生物，以平衡我们的担忧和自我聚焦。

要想实现充实的人生，必须具备这样一种能力：能体察新闻从何时开始不再具备原创或重要的教育功能。在这些时刻，就应该终止与陌生人止于幻想的关联，并将治理、成败、创造或杀戮的事务交由他人，明白余生苦短，而自己的目标尚待完成。

图片鸣谢

Akg-images/Erich Lessing: 194 (bottom); akg-images/Pirozzi: 160 (top right); Alamy/View Pictures: 47; Bridgeman Art Library/De Agostini: 160 (bottom); Bridgeman/Louvre, Paris: 160 (top left); Bridgeman/Musée de la Tesse, Le Mans: 206; Bridgeman/Musée du Petit-Palais, Paris: 112 (bottom); Bridgeman/Musées Royaux des Beaux-Arts de Belgique, Brussels: 106, 108; Bridgeman/National Gallery, London: 25; Bridgeman/Royal Geographical Society, London: 98; Bridgeman/Yale Center for British Art, Paul Mellon Collection, New Haven: 212; © Edward Burtynsky, courtesy Nicholas Metivier Gallery, Toronto/Flowers, London/Paul Kuhn, Calgary: 148 (Detail from the diptych *10 ab*); Cascade News, Manchester: 194 (top); Corbis: 158, 217; Getty Images: 110; © Jacqueline Hassink: 147 (from *The Table of Power (1993–5)*, 6 December 1994); Nico Hogg: 36 (bottom); INS News Agency, Reading: 200 (left); © KIK-IRPA, Brussels: 162 (bottom right); © Magnum Photos/Stuart Franklin: 102 (top & bottom), 104, 118–19; PA Photos: 50, 60, 89 (top), 116–17, 200 (right), 208; Benedict Redgrove/Wired © The Condé Nast Publications Ltd: 150; Carol Rosegg/Shakespeare Theatre Company, Washington, DC: 89 (bottom); Ross Parry Agency, West Yorkshire: 202; David Shankbone: 136; Shutterstock: 36 (top); © Stephanie Sinclair/VII Photo: 114–15; Pete Souza/White House Photo Office: 120–21; Topfoto: 112 (top), 162 (top); Yale University Art Gallery, New Haven: 162 (bottom left); Jenny Zarins: 226 (from *Polpo: A Venetian Cookbook (Of Sorts)* by Russell Norman, Bloomsbury, 2012. Reproduced by kind permission).

图书在版编目(CIP)数据

新闻的骚动/(英) 德波顿(de Botton, A.)著;
丁维译. —上海:上海译文出版社,2015.6(2017.1 重印)
(阿兰·德波顿文集)
书名原文:The News:A User's Manual
ISBN 978-7-5327-6937-7

Ⅰ.①新… Ⅱ.①德… ②丁… Ⅲ.①新闻学—通俗
读物 Ⅳ.①G210-49

中国版本图书馆 CIP 数据核字(2015)第 046429 号

图字:09-2014-125 号

新闻的骚动
[英]阿兰·德波顿 著 丁 维 译
责任编辑/衷雅琴 封面设计/张志全工作室 版式设计/柴昊洲

上海世纪出版股份有限公司
译文出版社出版
网址:www.yiwen.com.cn
上海世纪出版股份有限公司发行中心发行
200001 上海福建中路 193 号 www.ewen.co
浙江新华数码印务有限公司印刷

开本 890×1240 1/32 印张 7.75 插页 5 字数 79,000
2015 年 6 月第 1 版 2017 年 1 月第 3 次印刷
印数:15,001—18,000 册

ISBN 978-7-5327-6937-7/I·4200
定价:35.00 元